Sagitario

Silvia Heredia de Velázquez

Sagitario

A pesar de haber puesto el máximo cuidado en la redacción de esta obra, el autor o el editor no pueden en modo alguno responsabilizarse por las informaciones (fórmulas, recetas, técnicas, etc.) vertidas en el texto. Se aconseja, en el caso de problemas específicos —a menudo únicos— de cada lector en particular, que se consulte con una persona cualificada para obtener las informaciones más completas, más exactas y lo más actualizadas posible. EDITORIAL DE VECCHI, S. A. U.

El editor agradece a Rudy Stauder, director de Astra,
su valiosa colaboración.

Traducción de Maria Àngels Pujol i Foyo.

Diseño gráfico de la cubierta: © YES.

Fotografías de la cubierta: © Andrew Parrish/Getty Images.

© Editorial De Vecchi, S. A. 2019
© [2019] Confidential Concepts International Ltd., Ireland
Subsidiary company of Confidential Concepts Inc, USA
ISBN: 978-1-64461-398-6

El Código Penal vigente dispone: «Será castigado con la pena de prisión de seis meses a dos años o de multa de seis a veinticuatro meses quien, con ánimo de lucro y en perjuicio de tercero, reproduzca, plagie, distribuya o comunique públicamente, en todo o en parte, una obra literaria, artística o científica, o su transformación, interpretación o ejecución artística fijada en cualquier tipo de soporte o comunicada a través de cualquier medio, sin la autorización de los titulares de los correspondientes derechos de propiedad intelectual o de sus cesionarios. La misma pena se impondrá a quien intencionadamente importe, exporte o almacene ejemplares de dichas obras o producciones o ejecuciones sin la referida autorización». (Artículo 270)

Índice

Introducción 11

PRIMERA PARTE: CUESTIONES GENERALES

Mitología y simbolismo. 15
¿Está seguro de pertenecer al signo Sagitario? 19
Psicología y características del signo 23
   La personalidad 23
   El niño Sagitario 26
   La mujer Sagitario 27
   El hombre Sagitario. 28
   La amistad 29
   Evolución 30
   La casa. 31
   Las aficiones y los viajes 32
   Regalos, colores y perfumes 34
Estudios y profesión 35
   Estudios ideales 35
   Salidas profesionales. 36
   Dinero 37
El amor 39
   La mujer Sagitario 39
   El hombre Sagitario 41

Relaciones con los demás signos: las parejas . . . 42
    Sagitario - Aries 42
    Sagitario - Tauro 43
    Sagitario - Géminis 43
    Sagitario - Cáncer 44
    Sagitario - Leo 44
    Sagitario - Virgo 45
    Sagitario - Libra 45
    Sagitario - Escorpio 46
    Sagitario - Sagitario 46
    Sagitario - Capricornio 47
    Sagitario - Acuario. 47
    Sagitario - Piscis 48
Cómo conquistar a Sagitario. 49
    A una mujer Sagitario 49
    A un hombre Sagitario 49
Cómo romper con Sagitario 50
    Con una mujer Sagitario 50
    Con un hombre Sagitario 50

La salud 51

Ficha del signo. 53

Personajes famosos que pertenecen a este signo . . . 55

SEGUNDA PARTE: EL ASCENDENTE

Cómo calcular el ascendente. 59
    Cálculo del ascendente. 60

Si usted es Sagitario con ascendente... 73
    Sagitario con ascendente Aries 73
    Sagitario con ascendente Tauro 73
    Sagitario con ascendente Géminis 74
    Sagitario con ascendente Cáncer 74

Sagitario con ascendente Leo 75
Sagitario con ascendente Virgo 75
Sagitario con ascendente Libra 76
Sagitario con ascendente Escorpio 76
Sagitario con ascendente Sagitario. 77
Sagitario con ascendente Capricornio. 78
Sagitario con ascendente Acuario 78
Sagitario con ascendente Piscis 79

Tercera parte: PREVISIONES PARA 2019

Previsiones para Sagitario en 2019. 83
   Vida amorosa 83
      Enero 83
      Febrero 83
      Marzo 84
      Abril 84
      Mayo 84
      Junio 85
      Julio 85
      Agosto 85
      Septiembre 86
      Octubre 86
      Noviembre 87
      Diciembre 87
      Para la mujer Sagitario 87
      Para el hombre Sagitario 88
   Salud 88
      Primer trimestre 88
      Segundo trimestre 88
      Tercer trimestre 89
      Cuarto trimestre 90
   Economía y vida laboral 90
      Primer trimestre 91

    Segundo trimestre 91
    Tercer trimestre 92
    Cuarto trimestre. 93
Vida familiar 94
    Primer trimestre. 94
    Segundo trimestre 94
    Tercer trimestre 95
    Cuarto trimestre. 96

Introducción

Escribir un libro sobre Sagitario me ha parecido un trabajo simpático y fascinante, aunque no muy sencillo. De hecho, no es fácil exponer un cuadro exhaustivo de un signo tan lleno de matices y características particulares.

Antes que nada, tengo que confesar que se trata de mi signo de nacimiento y, por lo tanto, me gusta mucho describirlo en todos sus aspectos, incluso los más recónditos y los menos manifiestos. Por eso, pondré una especial atención para controlar mi tendencia natural a subrayar las facetas positivas, que por otro lado son muchas, y dejar apartadas las negativas, que también existen. Intentaré ser lo más objetiva posible por respeto hacia los demás signos.

El carácter de los Sagitario, déjenmelo decir, es realmente espléndido. Son simpáticos, alegres, expansivos y optimistas. Les gusta comunicar y estar entre los demás seres humanos, más allá de su cultura, ideología o religión; lo importante para estos nativos es entrar en sintonía con los demás, para compartir y transmitir su despreocupación y alegría de vivir. Por lo tanto, todos los buscan por su vitalidad, entusiasmo y magnetismo personal: su compañía es alegre y tranquilizadora.

Por lo tanto, están bien dispuestos hacia la vida y hacia lo que esta les puede ofrecer; precisamente, este optimismo en las capacidades y en las potencialidades propias, y de los demás, constituye uno de sus ases. Por ello, tener alrededor amigos, colegas o la pareja de este signo es una experiencia intensa y emocionante que enriquece y compromete, y a menudo hace la vida más fácil y espontánea. No resulta difícil reconocerlo: es dinámico, comprometido, penetrante y extrovertido. Tiene una propensión natural para la conquista y la aventura, y se le lee en la mirada la alegría de vivir. Sus ojos son luminosos, y su sonrisa, resplandeciente, infunde confianza, sobre todo porque se percibe sinceridad y franqueza, que expresan la belleza de su alma. De todos modos, no podemos olvidar que Sagitario es un signo doble, simbolizado por el centauro, mitad hombre y mitad caballo, y que por lo tanto tiene en sí mismo una doble naturaleza. Cuando cede al instinto se vuelve impetuoso y se precipita, y sobre todo, si alguien lo quiere limitar en sus acciones y obligarlo a seguir un determinado camino, se rebela y huye. Sólo cuando el impulso se haya calmado asomarán sus dotes más humanas y reflexivas, y entonces volverá sobre sus pasos, disponible para el diálogo y para buscar puntos de encuentro. Esta parte superior de Sagitario es muy fuerte y amable; sabe luchar para que se haga justicia y para defender los ideales en los que cree. Normalmente apunta muy arriba, como indican el arco y la flecha que tiene en las manos. Él mira a lo lejos, hacia realizaciones ambiciosas tanto materiales como espirituales, siempre movido por el deseo de avanzar por el camino del éxito y la autorrealización.

No me queda más que desearles, y desearme, que las dos naturalezas que nos componen se armonicen entre ellas y se desarrollen sobre vías paralelas y no contrapuestas; tenemos las mejores cartas para triunfar en la vida, por lo tanto, buscamos hacerlas sobresalir y utilizarlas para la consecución de nuestras metas personales.

SILVIA HEREDIA DE VELÁZQUEZ

Primera parte

CUESTIONES GENERALES

Mitología y simbolismo

El signo de Sagitario está representado normalmente por un centauro, animal mitológico de doble naturaleza: mitad hombre y mitad caballo. Las patas y la parte inferior son del animal, mientras que la parte superior del torso y el rostro son humanos, y sostiene en la mano un arco tensado y unas flechas. Se trata claramente del arquero, que apunta su flecha hacia el cielo, en dirección a las estrellas.

Esta doble naturaleza se encuentra presente en cada nativo de Sagitario, que por un lado se siente atraído por el placer, el instinto, la pasión y las realizaciones más prácticas y concretas, mientras que por el otro aspira a los ideales humanos más elevados, hacia amplios espacios mentales y triunfos interiores. Sagitario posee estas dos tendencias, que a menudo entran en contradicción entre sí, con lo que crean conflictos y tensiones internas. Su tarea será precisamente armonizarlas a la luz de una unidad superior. Para confirmar esta dualidad, en la mitología se narra la existencia de dos estirpes de centauros: una fundada por el sabio y magnánimo Quirón, y la otra, por el cruel y malvado Ixión. Se habla con más frecuencia del primero, pero, para aclarar el doble aspecto que encontramos en Sagitario, es necesario tener presentes las dos figuras, que representan tendencias opuestas y complementarias.

Hablaremos primero sobre el mito de Quirón, hijo de Saturno y Filira. Este centauro se distinguía de los demás por su amor por la justicia, su carácter apacible y sus habilidades prácticas. Vivía en una gruta y hacía de curandero: sanaba enfermedades y heridas a las personas que le pedían su intervención. Además, había sido maestro y guía de muchos dioses y héroes, entre los cuales se encontraban Zeus, Hércules, Aquiles, Ulises, Castor y Pólux. Les enseñaba con amor la medicina y la cirugía, la música y el arte mántico, es decir, el arte de la adivinación basado en la observación de los fenómenos naturales y los comportamientos humanos. Buena parte de sus propios conocimientos los había aprendido de la diosa Artemisa, con la que normalmente salía de caza.

Un día, Hércules empezó a luchar contra los centauros, los cuales intentaron salvarse refugiándose en la gruta del viejo y sabio Quirón, pero el héroe los alcanzó y, para matarlos, lanzó contra ellos una flecha impregnada con la venenosa sangre de la Hidra de Lerna, una monstruosa serpiente de numerosas cabezas que, si se cortaban, volvían a crecer inmediatamente. El dardo envenenado alcanzó accidentalmente la rodilla del propio Quirón y le provocó una herida incurable. El magnánimo centauro le pidió entonces a Zeus si podía morir para poner fin a sus penas y este se lo concedió. Para premiarlo lo hizo ascender al Olimpo y al mismo tiempo creó en el cielo, en su recuerdo, la constelación de Sagitario.

Por lo tanto, se comprende claramente por qué Quirón representa la bondad, la sabiduría y la armonía juvenil del nativo de Sagitario. Sirve para indicar el deseo de conocimiento, de evolución interior y de autorrealización que se encuentra innato en la naturaleza de estos nativos.

Si, en cambio, reflexionamos sobre el otro mito, relacionado con la estirpe de los centauros rudos y violentos que fueron capitaneados por Ixión, comprenderemos también la presencia de otras fuerzas más instintivas. Ixión era, de hecho, un ser ávido que se enfrentó con su suegro por cuestiones relacionadas con la dote nupcial. Después de la boda, Ixión atrajo al padre de su mujer a su propia casa con una falsa invitación a un banquete; cuando el desventurado llegó, Ixión lo mató cruelmente: le hizo caer en una fosa cubierta de leña, que tenía en el fondo un montón de brasas ardientes. Ixión, asaltado por los sentimientos de culpa, se volvió loco por el delito cometido e imploró a los dioses para que lo absolvieran. Sólo Zeus tuvo compasión de él y le llamó para que formara parte del Olimpo. Pero también allí, Ixión se dejó llevar por el instinto y la atracción carnal e intentó violar precisamente a Hera, la mujer de Zeus. Sin embargo, el padre de los dioses, avisado a tiempo, sustituyó a Hera por una nube, Nefele, a la que se unió Ixión, que no se había dado cuenta de la sustitución; de esta relación nació Centauro y, de esta forma, surgió la estirpe malvada de los centauros violentos y predadores. Entonces, se desencadenó la ira de Júpiter, que condenó a Ixión a que le ataran, junto con unas serpientes, a una rueda encendida que rodaba sin pausa.

Ixión representa así la naturaleza animal presente en Sagitario y en cada ser humano. Este nativo, en particular, tiene que intentar dominar sus pasiones y sus deseos irracionales. No es necesario suprimir absolutamente esta tendencia hacia los valores más inmediatos y concretos, los placeres sexuales, el dinero, la buena mesa y la comodidad, sino integrarla de forma gradual, equilibrada y revisada bajo la luz de valores interiores y reflexiones más serenas y distanciadas.

El centauro con el arco tensado y la flecha apuntando hacia arriba indica el camino que este nativo tiene que recorrer para crecer de forma armoniosa, privado de contrastes y conflictos. El dardo que apunta hacia arriba y a lo lejos nos habla precisamente de la superación de las tensiones, de la naturaleza impetuosa y exageradamente activa de Sagitario, que tan sólo si apunta hacia horizontes mentales más amplios, y mediante la reflexión y la introspección, podrá encontrar la calma y la plenitud de la existencia en todos sus aspectos.

Sólo si sigue su anhelo natural de ideales y conocimientos superiores, y realiza esos viajes precisos y mentales hacia la lejanía, Sagitario podrá realizar realmente las metas y las dinámicas que se le indican en la mitología y en el simbolismo innato de su signo natal, cuyo glifo es♐.

¿Está seguro de pertenecer al signo Sagitario?

Si usted ha nacido el 22 o el 23 de noviembre puede verificarlo en la siguiente tabla. Los datos se refieren a las horas 0 de Greenwich. Para los nacidos en España, es necesario añadir una o dos horas (véase tabla de la pág. 63).

día	hora	min
22.11.1904	17	16
22.11.1905	23	5
23.11.1906	4	54
23.11.1907	10	52
22.11.1908	16	35
22.11.1909	22	20
23.11.1910	4	11
23.11.1911	9	56
22.11.1912	15	48
22.11.1913	21	35
23.11.1914	3	21
23.11.1915	9	14
22.11.1916	14	58
22.11.1917	20	45
23.11.1918	2	38
23.11.1919	8	25
22.11.1920	14	16
22.11.1921	20	5

día	hora	min
23.11.1922	1	55
23.11.1923	7	54
22.11.1924	13	47
22.11.1925	19	36
23.11.1926	1	28
23.11.1927	7	14
22.11.1928	13	0
22.11.1929	18	48
23.11.1930	0	35
23.11.1931	6	25
22.11.1932	12	10
22.11.1933	17	54
22.11.1934	23	44
23.11.1935	5	36
22.11.1936	11	25
22.11.1937	17	17
22.11.1938	23	6
23.11.1939	4	59
22.11.1940	10	49
22.11.1941	16	38
22.11.1942	22	31
23.11.1943	4	22
22.11.1944	10	8
22.11.1945	15	55
22.11.1946	21	47
23.11.1947	3	38
22.11.1948	9	29
22.11.1949	15	16
22.11.1950	21	3
23.11.1951	2	51
22.11.1952	8	36
22.11.1953	14	22

día	hora	min
22.11.1954	20	14
23.11.1955	2	1
22.11.1956	7	50
22.11.1957	13	39
22.11.1958	19	29
23.11.1959	1	27
22.11.1960	7	19
22.11.1961	13	8
22.11.1962	19	2
23.11.1963	0	50
22.11.1964	6	39
22.11.1965	12	29
22.11.1966	18	14
23.11.1967	0	5
22.11.1968	5	49
22.11.1969	11	31
22.11.1970	17	25
22.11.1971	23	14
22.11.1972	5	3
22.11.1973	10	54
22.11.1974	16	39
22.11.1975	22	31
22.11.1976	4	22
22.11.1977	10	7
22.11.1978	16	5
22.11.1979	21	54
22.11.1980	3	42
22.11.1981	9	36
22.11.1982	15	24
22.11.1983	21	19
22.11.1984	3	11
22.11.1985	8	51

día	*hora*	*min*
22.11.1986	14	45
22.11.1987	20	30
22.11.1988	2	12
22.11.1989	8	5
22.11.1990	13	47
22.11.1991	19	36
22.11.1992	1	26
22.11.1993	7	7
22.11.1994	13	6
22.11.1995	19	2
22.11.1996	0	50
22.11.1997	6	48
22.11.1998	12	35
22.11.1999	18	25
22.11.2000	0	20
22.11.2001	6	2
22.11.2002	11	54
22.11.2003	17	44
21.11.2004	23	23
22.11.2005	5	16
22.11.2006	11	3
22.11.2007	17	51
21.11.2008	23	45
22.11.2009	4	24
22.11.2010	10	16

Psicología y características del signo

La personalidad

Ya hemos visto cómo la naturaleza de Sagitario es doble y, a menudo, incluso múltiple, motivo por el cual entre estos nativos se pueden advertir tendencias y personalidades diferentes o aspectos diversos que se alternan en la misma persona, según las circunstancias y las fases de la vida.

Quien nace bajo este signo está dominado por el planeta Júpiter y tendrá, por lo tanto, un temperamento alegre, expansivo y optimista. Le gusta estar entre la gente, cultivar muchas amistades y contactos sociales interesantes. De hecho, para los Sagitario, comunicar es una cosa absolutamente espontánea y natural, de la cual no pueden prescindir de ninguna manera. Poder compartir con los demás sus impresiones y emociones y pasar el tiempo en alegre compañía es para ellos fundamental, además de ser una fuente de alegría y despreocupación. Un nativo de Sagitario excluido, dejado de lado, está completamente desplazado, como un pez fuera del agua. Su carga de vitalidad y entusiasmo es contagiosa; consiguen implicar a las personas que les rodean, saben ser convincentes y arrastran a cualquiera hacia sus intentos y deseos.

Normalmente seguros de sí mismos y de sus dotes y capacidades, se sienten sobre todo empujados por una cierta ambición y deseo de triunfar, miran a los ojos a sus contrincantes, sin vacilaciones o dudas inútiles. Saben muy bien lo que quieren y no temen arriesgarse; por el contrario, la vida es para ellos una maravillosa aventura, emocionante porque está repleta de imprevistos, cambios y continuas metamorfosis. Más bien, es la rutina cotidiana lo que literalmente los mata.

Se trata de personas de amplios horizontes que buscan la renovación en cada campo de la vida, desde el sector sentimental, en el que sería ideal tener al lado a una pareja aventurera, hasta los contactos sociales, de los cuales les gustaría que cada día fueran más numerosos, pasando por las actividades, aficiones e intereses más variados.

Sagitario es, además, el signo más deportista de todo el Zodiaco. De hecho, estos nativos se dedican y se enfrentan con muchísimas actividades físicas, sobre todo aquellas que les ponen más en contacto con la naturaleza y con los animales.

Deseosos de ofrecer una buena imagen de sí mismos, casi siempre lo consiguen, puesto que poseen encanto, simpatía y capacidad de socializar. Además, una cierta ambición y seguridad en sus capacidades les otorga la actitud y la firmeza necesarias para tener éxito.

También pueden ser susceptibles y quisquillosos, sobre todo si creen que no se les entiende y no se les valora.

No es ciertamente una empresa sencilla describir la personalidad de un signo tan variable, a menudo guiado en sus acciones por la impulsividad y por un entusiasmo irrefrenable. De esta forma podremos observar a nativos bastante espontáneos, ingenuos y exageradamente sinceros, u otro tipo muy distinto, más reflexivos y conscientes de sí mismos y de sus acciones.

De todos modos, se trata de personas imprevisibles, que a veces muestran una faceta un poco antipática, además de una cierta manía de pontificar y de sobresalir, junto a una gran obstinación; en otras ocasiones muestran una faceta irresistible, que los convierte en absolutamente fascinantes, brillantes, disponibles y con un corazón generoso.

Pertenecientes al elemento Fuego, son individuos pasionales, impetuosos e impulsivos casi en todas sus manifestaciones, sobre todo durante la juventud. Los placeres de la conquista y del sexo los conducen a buscar varias aventuras y experiencias fuertes, acompañados siempre por una óptima resistencia física y la posibilidad de una recuperación rápida.

Por otro lado, los Sagitario se sienten atraídos irresistiblemente por la buena cocina, la diversión y los viajes a tierras lejanas. Su temperamento les conduce siempre hacia adelante, hacia el futuro y la consecución de sus ambiciosas metas, tanto en el ámbito profesional y económico, como en el mental e interior.

Tienen dos grandes dotes: la capacidad de adaptación a las situaciones más variadas y la predisposición a ver el lado más positivo de las cosas, desdramatizar las circunstancias difíciles y encontrar las soluciones más inmediatas y sencillas.

Si su deseo de novedad no se convierte en una obsesión que los mantenga continuamente en tensión, serán personas que vivirán bien, sin crearse demasiados problemas y complicaciones, dispuestos hacia la vida y lo bueno que esta les ofrezca.

Tienen unos bonitos y expresivos ojos, líneas regulares y una mirada que hace que sus interlocutores se sientan cómodos. En la conversación se nota la velocidad de su pensamiento. De hecho, a menudo las palabras se suceden rápidamente, los argumentos casi se sobreponen y se modifican frecuentemente. Les gusta vestirse con ropa práctica, a menudo deportiva, pero también informal, de todos modos no demasiado sofisticada e incómoda.

El niño Sagitario

Nos encontramos ante un infante realmente vital y exuberante, que desde muy pequeño quiere salirse con la suya y hacer que escuchen sus razones. Debido a su gran vitalidad no será muy fácil seguirlo.

La mejor actitud educativa no es precisamente la del reproche a secas, sin explicaciones, sino que, al contrario, funcionará mejor una relación más dulce y paciente, que tenga la intención de hacerle razonar y llevarlo a comprender por sí solo lo que es correcto hacer y lo que, en cambio, sobrepasa los límites de lo aceptable.

El pequeño Sagitario necesita muchas atenciones afectuosas y serenas, así como poder disponer siempre de ejemplos y figuras tranquilizadoras en las cuales apoyarse. Las imitará de forma espontánea, por lo que crecerá de forma poco conflictiva mientras desarrolla su carácter confiado y optimista.

Su gran vitalidad tiene que poder desahogarse a través del movimiento físico y la práctica de muchos y variados deportes por los que se siente muy atraído. Se entusiasmará por las distintas actividades a las que pueda dedicarse, sobre todo por aquellas en las que imperan la competición y el juego en equipo.

No se trata de un niño al que le guste estar solo, sino que buscará tener siempre muchos amigos con los que poder jugar y comunicarse de forma espontánea y sincera. Su espíritu de camaradería y su destacado carácter independiente se manifestarán muy pronto, y harán que se distinga entre los pequeños compañeros de su edad. Además, no se trata tampoco de un joven llorón y delicado; por el contrario, se adapta bastante bien, y desde muy pequeño le gustan los viajes, las aventuras, los cambios continuos y las nuevas estimulaciones externas.

La mujer Sagitario

Independiente, ambiciosa en su justa medida y segura de sí misma, la nativa de Sagitario no debe tener miedo de los encuentros con mujeres de los demás signos.

Su aspecto y porte, al mismo tiempo sencillos y fascinantes, la hacen sensual y atractiva. Normalmente se la ve vestida con cuidado, pero sin excesos, con unos movimientos espontáneos y unas formas que no son sofisticadas ni demasiado falsas.

Sabe muy bien adónde quiere llegar, tanto en el ámbito profesional y social, como en el sentimental. Para ella es esencial obtener en primer lugar la independencia económica a fin de poder tomar libremente sus decisiones y moverse sin depender de los demás.

Posee unas dotes óptimas de audacia y eficiencia en el desarrollo de su actividad, a la que normalmente se dedica con entusiasmo y buena voluntad.

En lo referente al ámbito del amor desea construir una familia y tener hijos, aunque no necesariamente en su juventud. Sabe ser una madre afectuosa y tiende a mantener con los hijos una relación de confianza y confidencias recíprocas.

De todos modos, lo que más le entusiasma es una febril e interesante vida social, en cuyo ámbito pueda tener la oportunidad de comunicarse y vivir con entusiasmo y compromiso emotivo el tiempo libre y sus aficiones y pasiones más variadas. Mantendrá vivos estos contactos e intereses a cualquier edad y a pesar de los eventuales compromisos familiares y profesionales.

La mujer Sagitario es una persona estimulante, casi siempre autorrealizada, y por lo tanto, quien tenga la suerte de estar a su lado podrá contar con su apoyo y su entera disponibilidad.

El hombre Sagitario

El nativo de este signo, aunque tiende a no mostrarlo públicamente, en realidad es bastante ambicioso y le gusta destacar.

Quiere ganar y conquistar una buena posición social y económica, aunque sea a costa de alguna renuncia o a través de las estrategias más extravagantes para la escalada al éxito. Con esto no se quiere decir que se trate de una persona oportunista o dispuesta a llegar a compromisos, sino que sencillamente ve un inmenso placer en la conquista. Cuando consigue lo que se ha propuesto, se siente muy gratificado y en armonía consigo mismo, más allá de las ventajas prácticas y concretas que haya alcanzado afectivamente.

Incluso en el amor el hombre nativo de Sagitario es un conquistador nato, que cultiva el arte de la seducción, empujado por la pasión y una fuerte atracción sexual. En él convive a menudo el deseo de cambiar de pareja, en busca de la aventura y, al mismo tiempo, la arraigada propensión a los valores familiares y tradicionales de estabilidad, continuidad en el tiempo y fidelidad. Como padre se siente muy responsable e intenta intuir las exigencias y los deseos, incluso inexpresados, de sus hijos; es magnánimo y autoritario de forma cordial.

Debido a su naturaleza, el hombre Sagitario tiene unos horizontes muy amplios; se siente tan atraído por el deseo de entrar en contacto con gente de tierras extranjeras para conocer los diferentes usos y las costumbres, como por la aspiración a ampliar sus propios límites mentales y culturales y enriquecerse desde todos los puntos de vista. Se siente esencialmente un ciudadano del mundo y se complace en dar de sí mismo esta imagen cosmopolita y de amplias miras.

La amistad

Los nativos de Sagitario son amigos sinceros y leales, siempre a punto para defender a capa y espada a las personas en las que han puesto su confianza. Quien los tiene como amigos puede sentirse realmente afortunado, ya que son generosos y están disponibles y preparados para aconsejar y estimular a las personas que quieren sacar a la luz lo mejor de sí mismos y afrontar con fuerza las dificultades de la vida. No se cansan nunca de hacer cumplidos al amigo que haya realizado sus propósitos personales y que haya seguido los consejos y las sugerencias que él le había hecho.

Sin embargo, ellos no siempre desean consejos y no les gusta hablar de sus problemas: en parte porque odian mortalmente los chismes y las habladurías y en parte porque orgullosamente creen saber, sin ayuda de nadie, lo que tienen o no tienen que hacer.

De los amigos, Sagitario espera sobre todo sinceridad y disponibilidad, además de discreción.

Debido a sus numerosos viajes, no es casual que los nativos de este signo tengan amigos extranjeros con los que mantienen contactos y suelen intercambiar visitas. Su intensa vida social les lleva a tener un gran número de conocidos, muchos de los cuales se transforman precisamente en amistades. Sin embargo, en este sector los extrovertidos Sagitario tienen que ir con cuidado para alejar a las personas oportunistas y poco sinceras, que pueden utilizarlos con el fin de obtener ventajas personales y contactos de alto nivel.

De todos modos, los Sagitario se prodigan sin miramientos con los verdaderos amigos: los hacen sentir cómodos, los acogen con amabilidad y les ofrecen una maravillosa hospitalidad.

Evolución

En el Zodiaco se encuentran todas las dinámicas y las potencialidades evolutivas del Universo y, por lo tanto, de cada ser humano. El hombre que desea realizarse a todos los niveles, desde el corporal al emotivo, el mental y el espiritual, tiene que entrar gradualmente en sintonía con estas potencialidades.

El camino que debe recorrer para completarse y armonizarse está indicado en los significados que se encuentran en el signo zodiacal de pertenencia. Para Sagitario es ilustrativo observar su ideograma, ♐, compuesto por una simple flecha trazada en dirección oblicua, que apunta directamente hacia arriba y a la lejanía. Este es el sentido de la mejora, que se puede concretar de diferentes formas; una de estas modalidades, la más conocida por Sagitario, es ese empuje continuo hacia el movimiento y el cambio por el que el nativo se ve impulsado continuamente a viajar, a practicar deporte y a realizar muchas actividades físicas; es decir, a buscar siempre lo nuevo en todos los sectores de la vida. El punto débil se encuentra precisamente aquí: esta búsqueda resulta muy a menudo compulsiva y se lleva hasta el exceso, por lo que se transforma en un estado de tensión continua y sin paz, donde las emociones y las novedades son finalidades en sí mismas. Todo este movimiento puede ser en realidad una huida de sí mismo por miedo de mirar en su interior, de detenerse demasiado a reflexionar y descubrir quizás aspectos difíciles de aceptar.

Por lo tanto, el progreso de los Sagitario no tiene que limitarse a su proyección hacia el exterior, a los placeres inmediatos de la vida, sino que ha de ser también una proyección hacia horizontes mentales e interiores más amplios y lejanos, una profundización en los aspectos superiores de la personalidad.

El dardo del arquero no tiene que lanzarse simplemente lejos, al azar, sino que debe alcanzar objetivos precisos y prefijados. Sagitario no tiene que desperdiciar sus energías y cualidades para dedicarse a cosas variadas, sin tener una meta. Sobre todo no ha de desperdiciar sus potencialidades y limitarse a las realizaciones sólo prácticas. No debe dejarse deslumbrar por el prestigio social, por el deseo de acumular dinero o, en el sector sentimental, por la ambición de conquistar y poseer sólo por un placer narcisista.

Se trata de sobrepasar los límites impuestos por las circunstancias más inmediatas, para proyectarse más allá de lo tangible. Pero para ello es necesario adquirir gradualmente una actitud de distanciamiento de las emociones y de las pasiones y sobre todo de la tensión del cambio a toda costa; el movimiento, más que exterior, tiene que hacerse interno o, mejor todavía, la acción externa ha de ser una consecuencia razonada y consciente de la maduración interna.

En el glifo, 2, la flecha tiene una pequeña línea que la corta y forma de esta manera una cruz: la línea horizontal, la materia, atraviesa la vertical, el espíritu. Ambas se encuentran en el centro, el punto de equilibrio entre los dos opuestos, que es lo que el signo indica como meta que alcanzar. Esta es la razón por la que podemos encontrar nativos bastante instintivos y pasionales, dedicados sólo a los placeres de la vida, u otros muy idealistas y pensadores, a veces místicos; quizá con más frecuencia hallemos a personas en las que ambos aspectos están presentes: a veces predomina uno y a veces el otro.

La casa

Su casa ideal estará decorada de forma informal y deberá tener amplios espacios para acoger a los amigos y moverse libremente. Los ambientes demasiado pequeños y con muchos objetos no funcionales y delicados no encajan mucho con su estilo. El deseo de cambio se exteriorizará incluso en lo que se refiere a la casa, en la que los Sagitario realizarán muchas modificaciones: desplazamientos de muebles y combinaciones originales.

Las aficiones y los viajes

Los nacidos bajo este signo dinámico y emprendedor tienen siempre múltiples intereses, se entusiasman con cada cosa nueva que les proponen y se sienten atraídos por todas las iniciativas.

Son personas lanzadas y que quieren probar un poco de todo; por ello los veremos comprometidos en actividades físicas, experiencias divertidas y colaboraciones de tipo social y cultural. Puesto que pertenecen al signo más deportista del Zodiaco, su vitalidad tiene una necesidad constante de exteriorizarse a través del movimiento corporal. Se dedican con pasión a cualquier deporte, en particular a la equitación, que recuerda a la representación del centauro, al tenis, al atletismo, la bicicleta, la natación y todos los deportes acuáticos. Ante la propuesta de probar algo nuevo, no se echan para atrás; para ellos es suficiente poder estar en contacto con la naturaleza y sentirse enérgicos y vitales. Poseen además un destacado sentido de la competición y, por lo tanto, no desprecian las actividades de equipo; de hecho, les gusta mucho enfrentarse y compararse con los demás. Recordemos además que Sagitario, noveno signo del Zodiaco, está en analogía con la novena Casa, que se refiere a los grandes viajes y a los contactos con el extranjero. De ello se desprende que estos nativos estarían por naturaleza siempre en movimiento, atraídos irresistiblemente por los lugares desconocidos, las tierras lejanas, las costumbres y las ropas distintas de las suyas. Así pues, en cuanto es posible, comprometen a los amigos y a las personas queridas en verdaderas exploraciones y viajes de aventuras, en busca de sensaciones profundas y de una ampliación de horizontes y perspectivas. Su entusiasmo se dirige a menudo hacia Oriente y las tierras africanas, donde pueden sentir un mayor contacto con la naturaleza y conocer formas de pensar y costumbres totalmente distintas de las occidentales.

Pero no totalmente satisfechos de las actividades de viajeros y deportistas, encuentran tiempo incluso para dedicarse en cuerpo y alma a los contactos sociales y a los compromisos de tipo mundano. Normalmente suelen tener muchos amigos y conocidos, con los que les gusta hacer de todo: frecuentar locales donde poder charlar y beber, además de intercambiarse divertidas bromas, ir a bailar y a ver espectáculos. Lo importante es estar en compañía y socializar. A menudo, los Sagitario son los animadores de la propia compañía, buscados por la simpatía y el entusiasmo que consiguen transmitir a los que les rodean con inmediatez.

Además, son buenos comensales y será un placer invitarles a cenar o a algún restaurante típico, pero sin olvidar que se sienten más atraídos por los platos sencillos y genuinos que por los más refinados y sofisticados.

Buenos conversadores, son capaces de crear una atmósfera adecuada y cálida, por su forma sencilla e inmediata de expresarse y comunicar sin formalismos cada sensación, pero no se les debe obligar a entablar discursos banales o a escuchar habladurías y frivolidades, porque podrían salir corriendo sin demasiados cumplidos ni excusas.

Los que pertenecen a este signo de altas aspiraciones se dedican también con profunda pasión a intereses de tipo cultural, que van desde la filosofía a la psicología, a la pedagogía y, con mucha frecuencia, a todas las ramas del saber. Frecuentan conferencias, seminarios y reuniones, además de dedicarse a lecturas interesantes y entusiásticos intercambios de opiniones. Una propensión natural por lo social, unido a su amor por la naturaleza, los conduce a menudo a defender ideologías de tipo humanitario e iniciativas altruistas, a luchar contra la contaminación, la caza, la violencia y las injusticias sociales.

Regalos, colores y perfumes

Los nativos de Sagitario son muy sensibles a los regalos, que agradecen y les alegran; están felices de que los demás demuestren atenciones afectuosas en relación con ellos. Aprecian los objetos que les hagan soñar con lugares lejanos a través de la fantasía, como un mapamundi, los libros de geografía o unos billetes para algún viaje a tierras lejanas. También serán bien recibidos los regalos consistentes en accesorios de deporte, ropa deportiva, vaqueros y zapatillas de tenis. Sin embargo, no rechazarán alguna pieza de ropa de firma, ya que, en algunas ocasiones oportunas, gustan de llevar prendas de prestigio y refinadas.

El azul y todas sus tonalidades, desde el azul marino al turquesa y al celeste, se adaptan a su temperamento. Por lo tanto, intentan arreglarse su propia casa y rodearse de objetos de estos colores, los cuales les aportarán serenidad y alegría de vivir. Incluso para vestir pueden utilizar mucho estos colores, que los harán más atractivos y subrayarán su encanto. También el violeta, color del planeta dominante, Júpiter, les combina a la perfección.

Estudios y profesión

Estudios ideales

El espíritu libre y dinámico de los Sagitario no se adapta con una aplicación sobre los libros demasiado prolongada que les obligue a estar sentados durante horas delante de una mesa. De hecho, tienen necesidad de moverse, de alternar el estudio con la actividad física y de abarcar diversos temas con la mente.

Sin embargo, la vitalidad no les impide aplicarse seriamente en las asignaturas más interesantes y conseguir buenos resultados escolares, gracias sobre todo a su inteligencia y a su capacidad de relacionar.

Debido a su talante independiente y vital, les van mejor las actividades autónomas y no muy sedentarias.

Podrán encaminarse con satisfacción hacia los estudios de derecho para convertirse en abogados o magistrados, o realizar estudios humanísticos como filología, filosofía, sociología o psicología. Podrán tener éxito como asistentes sociales, sindicalistas, políticos, profesores de secundaria o de universidad.

Muchos nativos de Sagitario se encuentran también muy cómodos en el sector del turismo, tanto viajando como animadores, guías o azafatas, como organizando todo desde las agencias turísticas, aeropuertos y estaciones. Aquellos con estas predisposiciones podrán asistir directamente a las escuelas de estudios profesionales más idóneas para especializarse en el sector que más les interese.

Las ganas de viajar, junto con la facilidad para comunicarse y resultar simpáticos a la gente, los predispone también a actividades de agentes comerciales y proveedores, o a todas las profesiones vinculadas al extranjero, como intérpretes, corresponsales y encargados de relaciones internacionales.

Salidas profesionales

En el trabajo, los nativos de este signo de Fuego son ambiciosos, audaces y están deseosos de triunfar. Anhelan la consecución de una buena posición social a través del desarrollo de una actividad distinta y estimulante desde todos los puntos de vista. Difícilmente se conforman y se adaptan a los trabajos monótonos y repetitivos en los que pueden exteriorizar sus óptimas dotes y sus cualidades naturales. Las actividades subordinadas, metódicas, de precisión y demasiado estáticas no les interesan; si están obligados a permanecer en situaciones de este tipo, se acaban poniendo nerviosos y se vuelven irritables y poco resolutivos.

Las actividades independientes, en las que pueden respirar mejor, son a las que más se adecuan, sobre todo si crean la posibilidad de cultivar relaciones sociales y conocer a muchas personas. Dotados de optimismo, vitalidad y exuberancia, no tienen casi nunca problemas en las relaciones personales con colegas, colaboradores o superiores. Casi siempre se comprometen a fondo para alcanzar las metas que se han propuesto, empujados por el deseo de imponerse. Por otro lado, tienen todas las cartas a favor para conseguirlo, pues son joviales y capaces, están seguros de sí mismos y de su propio valor, además de ir directos al meollo de la cuestión, sin perder el tiempo en charlas e inútiles complicaciones.

Su defecto podría ser una cierta tendencia a querer excederse o a plantearse objetivos demasiado elevados y arduos. De esta forma se arriesgan a desperdiciar energías y a estancarse antes de haber llegado a la meta. En estos casos se pueden mostrar un poco obstinados y puntillosos, llevados a hacer valer sus propias ideas y opiniones con demasiada insistencia. Si se les quiere hacer razonar, es necesario saberlos tomar por el lado bueno y evitar criticarlos abiertamente.

Poseen un talento natural para las leyes y las profesiones inherentes a estas, además de por el turismo y todas las actividades relacionadas con este. En estos sectores tienen buenas posibilidades de triunfar y obtener grandes gratificaciones personales y económicas.

A muchos nativos de Sagitario se les abren las puertas del éxito en los sectores del periodismo, la enseñanza de alto nivel, la psicología, la filosofía y la teología. En estos ámbitos, gracias al idealismo y al anhelo de metas superiores, pueden destacar y convertirse en personas de gran prestigio social.

Su planeta dominante, Júpiter, les ayuda y les permite obtener el éxito en cualquier actividad que decidan desarrollar, desde las más sencillas, en contacto con la naturaleza y con la realidad más inmediata de la existencia, a las más complicadas, relacionadas con los ámbitos más elevados del saber.

Dinero

La relación de los nativos de Sagitario con la realidad más concreta y menos noble, el dinero, es casi siempre positiva.

Ayudados por el planeta de la fortuna y de la expansión, Júpiter, normalmente no tienen mucha dificultad para ganar dinero y alcanzar una buena situación económica.

El dinero interesa a los Sagitario, que adoran gastarlo en diversiones, viajes y diversas iniciativas, pero sin embargo no están enganchados a él con avaricia. Les sirve únicamente para vivir con comodidad y permitirse placeres a los que no saben renunciar, concederse algunos caprichos y dedicarse a ocupaciones interesantes. En definitiva, les gusta ganar para poder gastar y no para acumular dinero en el banco o utilizarlo en grandes realizaciones futuras. Algunas veces son manirrotos y sus gastos exceden a sus posibilidades reales, pero acaban subsanando siempre sus errores de cálculo. Deben ser más previsores y reflexivos para evitar las pérdidas financieras.

Aunque pueda parecer que el dinero es el objetivo final de los Sagitario, en realidad es sólo un medio y no un valor en sí mismo. Lo que más les llama la atención es el placer de la conquista y la consecución de las metas económicas que se habían fijado; después de esto, pierden el interés por el dinero y se marcan nuevos objetivos más arduos y estimulantes.

El amor

La mujer Sagitario

En los sentimientos, la mujer Sagitario se encuentra entre las más espontáneas e independientes de todo el Zodiaco. Sin embargo, es fácil que al inicio no se lance de cabeza en la relación, sino que espere a tener alguna seguridad o confirmación por parte del otro. Esta nativa es, de hecho, muy consciente del gran don que supone la libertad y, por lo tanto, no está dispuesta a ponerla en juego si no vale realmente la pena.

La mujer Sagitario conquista a menudo a la pareja con su exuberancia, su naturaleza y su alegría de vivir. Sabe ser muy fascinante y sensual, bastante segura de sí misma y de sus dotes, tanto físicas como de carácter. Normalmente cuida su aspecto y su ropa, pero sin exagerar ni convertirse en una fanática de la estética.

Su dinamismo y su entusiasmo no pasan desapercibidos y, de hecho, no le faltan pretendientes ni admiradores. En efecto, es agradable tener al lado a una mujer siempre preparada para partir a la aventura, que se entusiasma con las pequeñas cosas y sabe salir airosa de cualquier circunstancia. Para aquellos que aman la tranquilidad podrá parecer una mujer un poco agotadora, pero seguramente no permitirá a la persona que esté a su lado que se aburra o que lleve una vida apática y sin emociones.

En la pareja no es realmente el tipo de mujer que tiene un papel pasivo; por el contrario, le gusta tomar la iniciativa y participar activamente en cualquier decisión. No le desagrada organizar completamente de qué forma pasará el tiempo libre y mantener los contactos sociales con amigos y conocidos. Lo importante es darle el espacio para cultivar sus aficiones e intereses con plena libertad, más allá de las uniones afectivas e incluso familiares. Si se siente enjaulada, limitada en sus movimientos y decisiones, se marchará en poco tiempo, aunque con eso se rompa una relación que dura desde hace años y sufra profundamente por la ruptura.

Es más fiel que el hombre del mismo signo, pero sólo si esto no es el resultado de una obligación. Para ella, la fidelidad sólo puede ser fruto de una libertad escogida, que se desprende del amor y de la confianza recíproca, nunca de la imposición, de los celos y del sentido de la posesión. Por el contrario, sus eventuales escapadas son normalmente fruto de la venganza o de malestares similares, no de una búsqueda de la conquista en sí misma.

Se trata de una mujer atenta y sincera que cree en los valores tradicionales y busca conciliar hábilmente sus exigencias personales con las familiares.

La mujer nacida bajo este fogoso signo zodiacal es sensual y se siente atraída por los placeres sexuales; para ella, el erotismo es realmente algo extremadamente espontáneo y natural; por lo tanto, cree que es absurdo complicarlo con inútiles razonamientos y frenos inhibidores.

En el ámbito afectivo expresa con inmediatez sus propios sentimientos, a través de tiernas palabras, dulces atenciones y caricias, pero sin llegar a ser pegajosa o entrometida. De hecho, sabe respetar los espacios y deseos de su pareja, de la misma forma que exige la misma actitud de esta hacia su propio espacio.

El hombre Sagitario

El hombre Sagitario es el conquistador nato por excelencia: le gusta revolotear de flor en flor y vivir la intensa emoción de haber capturado sus presas. En el amor obtiene casi siempre resultados muy gratificantes; de hecho, su arte está muy afinado y sus armas son muy convincentes y seductoras.

Posee una fuerte carga sexual que normalmente expresa de forma bastante espontánea e inmediata, sin sofisticaciones ni elaboraciones mentales. En la relación erótica es, por lo tanto, más pasional y cautivador que fantasioso y cerebral. El gusto por la conquista lo acompaña casi siempre durante los años de su juventud y, en algunos casos, incluso después de haber creado un núcleo familiar propio. Su naturaleza lo empuja a buscar continuamente emociones nuevas, a establecer contactos sociales y a explorar situaciones inusuales. La monotonía y la rutina lo destruyen literalmente, por lo que necesita tener cerca a una compañera vital y dinámica, que se entusiasme fácilmente y le guste estar con gente o, por lo menos, una pareja que no limite sus decisiones y su libertad de movimientos.

Este nativo no es, de todos modos, un gran campeón de la fidelidad y, por lo tanto, empujado por un indomable amor por la aventura, a menudo busca evasiones fuera de casa. Se entusiasma enseguida, convencido de que ha encontrado algo extraordinario, pero luego su ardor se apaga tan rápidamente como se había encendido. De esta forma vuelve al redil, arrepentido y preparado para jurar que no sucederá nunca más. Superados los treinta años, normalmente decide detenerse y echar raíces para escoger a la compañera de su vida y construir unos lazos familiares sólidos y duraderos. El nativo de Sagitario cree profundamente en los valores tradicionales y es conservador; le gustan el hogar, los hijos y las veladas en casa en compañía de los amigos, delante de una chimenea con una copa de un buen vino. Tiene un marcado sentido de la responsabilidad e intenta que no falte nada en casa; hace notar su afectuosa presencia y también una discreta autoridad, sobre todo con los hijos.

A pesar de su espíritu de conquista y el deseo de evasión, es bastante celoso y posesivo, aunque no siempre lo manifieste abiertamente. Su elemento dominante es el Fuego, que hace que en el amor sea exuberante, fogoso y también impetuoso. También es franco, inmediato y espontáneo, y es capaz de tener arrebatos sinceros y muy generosos. Es difícil que sea desconfiado, incluso después de eventuales desilusiones o incomprensiones.

El rasgo de carácter que lo define es su oscilación entre la legalidad y la transgresión, entre la fidelidad y la infidelidad, entre el deseo de estabilidad y el impulso de ir en busca de nuevos horizontes y perspectivas. Por otro lado, esta unión con el pasado y, al mismo tiempo, la continua proyección en el futuro hacen que sea un hombre interesante, fascinante y estimulante.

Relaciones con los demás signos: las parejas

Sagitario - Aries

Esta es una unión que se sitúa entre las mejores, puesto que el elemento Fuego es común a los dos signos zodiacales. Pasión, entusiasmo y espíritu de aventura caracterizan a esta pareja, que es una de las más alegres y dinámicas de todo el Zodiaco. Pero deben tener cuidado con una cierta ingenuidad, típica de los dos, que podría causar problemas en la gestión de la situación económica familiar y de los negocios. Así pues, no faltan las bases para una unión feliz y duradera, aunque en ambos podría existir el riesgo de querer llevar las riendas de la relación y asumir el papel directivo. A Sagitario podría llegarle el excesivo ímpetu e inconstancia de Aries. Una marcada sensualidad y una atracción física de fondo contribuyen a mantener unida a esta pareja y a superar excesos de impulsividad.

Sagitario - Tauro

El empuje y la espontaneidad de Sagitario podrían, en cierta manera, atenuar la concreción y el pragmatismo de Tauro, que pertenece al elemento Tierra. Pero por otra parte, el fogoso e inconstante centauro podrá sentirse tranquilizado y respaldado en esta unión, a veces incluso descargado de tareas y preocupaciones de orden práctico. Los dos podrán disfrutar juntos de los placeres y de las comodidades de la vida, por los cuales se sienten atraídos y estimulados; se entenderán muy bien sobre todo en la mesa. El pasional Sagitario no podrá permanecer insensible al encanto y a la sensualidad de Tauro; por esa razón, el entendimiento sexual será uno de los puntos fuertes de esta pareja. Los problemas podrían surgir por el excesivo afán de posesión del nativo de Tauro, que contrasta con el deseo de libertad y de aventura de Sagitario; pero si en el fondo hay amor, los dos buscarán soluciones.

Sagitario - Géminis

Esta pareja parece tener todas las posibilidades de cara para funcionar de la mejor forma posible: el Aire de Géminis, versátil e inteligente, alimenta y se armoniza con el Fuego de Sagitario, extrovertido y vital. Los une su amor común por la compañía, la vida mundana, las salidas graciosas, a veces incluso una cierta frivolidad, infidelidad y, sobre todo, una considerable atracción física y fantasía erótica. Los dos son buenos conversadores, pero no tienen mucha paciencia para escuchar y, en algunos casos, podrían quitarse recíprocamente la palabra de la boca. En particular, Sagitario podrá sentirse atraído por el temperamento brillante y curioso de los Géminis, aunque sus bromas, normalmente irónicas, podrían literalmente tirarlo por los suelos. Los dos signos, que en el Zodiaco son opuestos, tienden a complementarse de forma recíproca.

Sagitario - Cáncer

En esta pareja podrían plantearse algunas incomprensiones y contrastes, debido a las diferencias de carácter y a veces de mentalidad. El elemento Agua de Cáncer, receptivo e introspectivo, podría apagar el explosivo Fuego de Sagitario. Sin embargo, la dulzura y el apego a los valores familiares típicos de Cáncer pueden atraer y conquistar a Sagitario, que también estima las tradiciones y el calor doméstico. Pero la pereza y la indecisión de Cáncer no juegan a favor de esta pareja, a menos que Sagitario consiga comunicar continuamente su dinamismo y optimismo. También los excesivos temores maternales y el afán de posesión de Cáncer son demasiado estrechos para el independiente y aventurero centauro, siempre en busca de espacios abiertos y libertad de acción y expresión.

Sagitario - Leo

Se trata de una unión espléndida y muy completa, caracterizada por un óptimo entendimiento a todos los niveles. Los puntos de contacto son muchos: pasionales, impulsivos y emprendedores, con múltiples intereses comunes y pertenecientes ambos al elemento Fuego. Juntos no podrán aburrirse nunca ni sentirse incomprendidos, aunque quizá tengan que enfrentarse en una inevitable lucha por la supremacía y el poder. Ambos están dotados de una fuerte personalidad y espíritu de independencia, y querrán decidir a menudo en primera persona, demasiado seguros de sí mismos y de sus capacidades. De todos modos, la rivalidad y el orgullo se verán casi siempre superados por los muchísimos puntos de contacto, sobre todo el entusiasmo común, la generosidad y la inmediatez. El coraje y la autoridad de Leo fascinan a Sagitario, mientras que sus celos y su pretensión de exclusividad lo desorientan.

Sagitario - Virgo

Esta pareja encierra algunos problemas y una cierta dificultad para comprender las actitudes y las formas de pensar del otro. Los dos caracteres son, de hecho, diversos por muchos aspectos. La racionalidad y la meticulosidad de Virgo no armonizan con la espontaneidad, el entusiasmo y el deseo de improvisación típicos de Sagitario. Los gustos del primero podrían chocar con el deseo de distanciarse y de cambiar del segundo. Sin embargo, en algunos casos, estas diferencias se complementan y se integran: el sentido común y la coherencia de Virgo pueden corregir la ineptitud, la volubilidad y la tendencia a la dispersión de Sagitario, que, a su vez, puede otorgar calor y eclecticismo al menos fantasioso Virgo. Se tratará de una unión bastante razonable, basada más en la estima recíproca y en el respeto que en una fuerte emotividad y atracción física.

Sagitario - Libra

En esta pareja, los dos elementos, el Fuego y el Aire, se armonizan y se alimentan de forma recíproca. Las bases para una relación duradera se crean entre los dos con el tiempo. La moderación, la diplomacia y el gusto por lo bonito y lo refinado, típicos en los nativos de Libra, gustan mucho a Sagitario. Las formas amables y el encanto del primero conquistan fácilmente al segundo, muy sensible a la ternura apasionada. Pero las formas de Sagitario pueden chocar con la delicadeza de Libra, aunque la proverbial indecisión de este último podría verse compensada por el carácter emprendedor de Sagitario. Los dos están bien juntos y se divierten con amigos y conocidos, con quienes establecen unas interesantes relaciones sociales. Ni el uno ni el otro son ejemplares a la hora de la fidelidad y la devoción.

Sagitario - Escorpio

No es fácil predecir qué cariz puede tomar esta relación: es prometedora pero presenta dudas en algunos aspectos. El entendimiento sexual es más que satisfactorio, puesto que la actitud un poco misteriosa y distanciada de Escorpio provoca unas fuertes sensaciones en el fogoso Sagitario. En el ámbito del carácter y del afecto, las cosas son más complejas. De hecho, los celos, el egocentrismo y el pesimismo de Escorpio se acoplan mal con la espontaneidad, el optimismo y la necesidad de libertad de Sagitario. Los conflictos y las contradicciones internas del primero podrían trastornar al segundo. Sagitario podría sentir sensaciones opuestas e irreconciliables: por una parte, una fuerte unión y una intensa atracción y, por otra, un desagradable sentido de falta de libertad e independencia.

Sagitario - Sagitario

Esta pareja puede llegar a ser muy feliz: se comprenden totalmente y comparten las mismas formas de concebir la vida, el tiempo libre y las elecciones profesionales. Les gusta viajar y estar entre la gente, animados por ir hacia nuevos horizontes y por altas aspiraciones. Se trata de una pareja simpática, exuberante y alegre, siempre preparada para organizar salidas y encuentros con alegría y despreocupación. Respetan la libertad recíproca y el deseo de independencia, y, así consiguen crear una relación de confianza mutua, amistad y confidencia, de fuerte pasión y atracción sexual. El punto más difícil es la inconstancia y la volubilidad, que podrían hacer que sus decisiones y su relación de pareja fueran inestables, aunque las similitudes y el buen *feeling* normalmente los llevan a unirse.

Sagitario - Capricornio

El Fuego de Sagitario podría verse enérgicamente sofocado por el pragmatismo y el materialismo del elemento Tierra de Capricornio. Las diferencias, que a menudo subsisten entre ellos respecto a las formas de vida, las costumbres y los objetivos, podrían llevarlos a discutir muy a menudo, quizá precisamente sobre las pequeñas cosas. Por otra parte, la firmeza y la ambición de Capricornio podrían agradar a Sagitario y, en tal caso, la pareja podría unirse por una meta común, como la consecución del éxito y la seguridad económica. El pesimismo y la introversión del signo de Tierra pueden entristecer al alegre y optimista centauro o estimularlo para transmitir alegría a la pareja y arrastrarla, en cuanto perciba una mínima predisposición, a iniciativas un poco vitales y extravagantes.

Sagitario - Acuario

Esta pareja promete realmente mucho, porque está unida por afinidades electivas, altos ideales y aspiraciones altruistas. El empuje y las pasiones idealistas y humanitarias, típicas de Acuario, se combinan con características iguales, pero, llevadas a un nivel más práctico, por el nativo de Sagitario.

La brillante inteligencia, la imprevisibilidad y la apertura mental de Acuario fascinan profundamente a Sagitario, alimentan su imaginación y el deseo de realización interior. Juntos consiguen emprender grandes vuelos y vivir profundas e irrepetibles sensaciones. Sin embargo, podrían tener problemas en el caso de que decidieran construir un hogar, pues los dos evitarían perder tiempo en las cosas prácticas y repetitivas. En las relaciones sexuales, Sagitario quizá podría desear algo más de ardor y pasión, pero el respeto por la independencia recíproca podrá compensar esta eventual carencia.

Sagitario - Piscis

No se sabe si el elemento Agua de Piscis apagará el Fuego de Sagitario o, por el contrario, acabará hirviendo. Esta unión no se encuentra entre las más sencillas, porque las diferencias de carácter y emotivas son muchas y no de escasa entidad.

Los multiformes estados de ánimo de Piscis, su inquietud interior y su compleja forma de sentir no son fácilmente comprensibles por el más inmediato y extrovertido Sagitario. Sin embargo, la dulzura, la devoción y la receptividad del primero hacen efecto sobre el segundo, que se queda encantado; ahora bien, si esta situación se consolida y desemboca en demandas demasiado vinculantes y profundas por parte del nativo de Piscis, Sagitario estará preparado para salir corriendo de inmediato. En definitiva, dos personalidades que son demasiado antitéticas para componer una pareja duradera.

Cómo conquistar a Sagitario

A una mujer Sagitario

Muéstrese audaz y exuberante, siempre preparado para partir a la aventura y zarpar hacia lugares desconocidos e inexplorados. Si sabe compartir con naturalidad sus entusiasmos y a veces también sus caprichos, no se le resistirá durante mucho tiempo. Tenga presente que le gustan la naturaleza, los animales y los deportes al aire libre. Por lo tanto, lo mejor será invitarla a participar en excursiones y en acampadas, en divertidas competiciones deportivas o proponerle largos paseos por la naturaleza. Sin embargo, esto no significa que desdeñe una invitación a cenar y a veladas mundanas, con un final en un ambiente muy íntimo y cautivador, en el que podrá sentirse libre para expresar sin tabúes sus facetas más escondidas y su impetuosa sensualidad. Haga que se sienta importante y téngala en alta consideración: se trata de una mujer ambiciosa.

A un hombre Sagitario

A este conquistador nato le gusta mucho jugar al ratón y al gato, así que puede secundarlo en esto, resistirse un poco e identificarse en el papel de la presa. Le gustan las mujeres divertidas, vitales y en cierta manera también audaces, sexualmente fantasiosas y espontáneas. Podría fascinarlo si se muestra de formas siempre distintas y asume actitudes provocadoras, pero no descaradas, sobre todo para darle la impresión de que es él quien conduce el juego. Si consigue hacerle vivir con intensidad y profundo compromiso el momento, la velada y la pasión, tendrá el éxito asegurado: la buscará de nuevo. Sin embargo, a pesar de esto, su interés puede apagarse rápidamente si no lo alimenta con otros aspectos más profundos de su carácter. Muéstrele también su faceta más tranquila y tradicional, de forma que pueda ver también en usted a una mujer y una madre ideal.

Cómo romper con Sagitario

Con una mujer Sagitario

Alejar a una nativa de Sagitario no supone una empresa tan difícil, puesto que no es una mujer pegajosa o tan dependiente que no sepa estar sola. Una de las mejores estrategias es precisamente la de empezar a realizar peticiones apremiantes, para limitar su deseo de independencia y su libertad de acción. También irá bien hacerlas llevar una existencia monótona y repetitiva, sin cambios para el futuro... entonces, saldrá corriendo. Además, no soporta sentir traicionada la confianza y la lealtad que le da a su amado; por lo tanto, si descubre que le miente, intentará romper rápidamente la relación. Como toque final, puede mostrarse también un poco taciturno, huraño y pesimista, y no resistirá un minuto más a su lado.

Con un hombre Sagitario

Muéstrese demasiado afectuosa, pegajosa o pretenciosa, y obtendrá el efecto deseado: saldrá corriendo. Una mujer llorona, que intenta conmoverlo con sentimentalismos patéticos y súplicas, hará que se aleje inmediatamente. Si se siente aprisionado o incluso desconcertado por mil palabras, demandas de fidelidad o consejos y sugerencias sobre lo que debe o no debe hacer, no deseará más que desaparecer y centrar inmediatamente sus atenciones en otras direcciones, para dejarla completamente libre.

La salud

Normalmente, Sagitario tiene una salud de hierro y se caracteriza por una óptima resistencia mental y física y una considerable capacidad de recuperación de las energías. Por otro lado, su ritmo de vida, casi siempre excesivamente frenético y desordenado, lo lleva a un gran derroche de fuerzas. Pero deberá evitar el cansancio excesivo y el desorden, sobre todo en las comidas. Su amor por las actividades deportivas y el movimiento al aire libre constituye su secreto para mantenerse siempre en forma, incluso después de una cierta edad.

Si no abusa de sus considerables reservas ni de sus potencialidades, vivirá muchos años, y además no aparentará su verdadera edad.

Sus puntos débiles se refieren esencialmente a las articulaciones inferiores, sobre todo los muslos, las caderas y la pelvis. En particular, tendrá que estar atento a los movimientos torpes en la práctica del deporte que pueden provocarle fracturas, torceduras y distensiones musculares. Ha de tener cuidado también con el nervio ciático, que puede inflamarse con frecuencia y con facilidad.

Puesto que Sagitario pertenece al elemento de Fuego y está dominado por el planeta Júpiter, otro de sus puntos vulnerables es el hígado, que a menudo puede crear trastornos de varios tipos, relacionados con la piel, la circulación y una cierta dificultad a la hora de expulsar las toxinas. Si sabe esto, el nativo de Sagitario deberá, para prevenir tales disfunciones, evitar el estrés, regenerarse en contacto con la naturaleza y seguir una dieta alimentaria sencilla y genuina, basada en verduras, cereales integrales, fruta y legumbres. El alcohol y los cigarrillos, en cambio, constituyen un verdadero atentado contra el hígado, y se aconseja evitarlos tanto como sea posible.

También existe una cierta tendencia a la diabetes y a acumular peso en exceso, sobre todo en la zona del abdomen; estas tendencias se podrán eliminar bastante fácilmente si se evitan los excesos en los azúcares y se practica mucho deporte y una actividad física constante, en cualquier periodo y estación del año.

En el caso de que Sagitario sufriera algún trastorno, algo bastante raro debido a su complexión fuerte y su resistencia física, lo ideal sería conducirlo a un doctor especializado en medicina alternativa, que encaja mucho con su carácter y propensión hacia los productos naturales y su amplitud de miras. Su vida un poco agitada podría llevarlo a mantener elevados estados de tensión y de ansiedad, por lo que deberá tenerse siempre presente este aspecto para restablecer un bienestar y un equilibrio mental y físico que, en estos casos, se verían comprometidos.

Predomina el hecho de que es uno de los signos del Zodiaco que goza de mejor salud, por lo que el nativo no tendrá que preocuparse demasiado de ella.

Ficha del signo

Elemento: Fuego
Calidad del signo: móvil, masculino
Planeta dominante: Júpiter
Longitud en el Zodiaco: de 240 a 270°
Estrellas fijas: Antares, Rasalangue, Lesat
Colores: azul, turquesa, azul marino, violeta
Números: 9, 18, 27, 36, 45, 54, 63, 70, 81, 90
Día de la semana: jueves
Piedra: amatista, zafiro oscuro, turquesa
Metales: zinc, estaño
Perfumes: amaranto, violeta, bergamota
Plantas: pino, nogal
Flores: geranio, jazmín
Animales: caballo, ciervo, águila
Lema: Yo avanzo
Amuleto: herradura de caballo
Países, regiones y ciudades: Hungría, España, Madagascar, Toledo, Budapest

Personajes famosos que pertenecen a este signo

Los personajes famosos nacidos bajo el signo de Sagitario son muchos, con carácter y predisposiciones distintas según los demás elementos astrales de su horóscopo de nacimiento. De todos modos, se pueden destacar diversos puntos en común, características típicas del *centauro*.

Entre las mujeres del signo podemos recordar en particular a Jane Fonda y María Callas. La primera, nacida el 21 de diciembre de 1937, manifiesta muchas características típicas de la mujer Sagitario. Siempre ha dado muestras de ser emprendedora y de poseer un espíritu de aventura y una marcada predisposición por las actividades físicas. María Callas, nacida el 3 de diciembre de 1923, se caracterizó siempre por un temperamento inquieto y a menudo irascible, con una profunda conflictividad de base entre la seguridad en sí misma y la necesidad de la confirmación ajena.

Entre los hombres Sagitario citaremos a Bhagwan Shree Rajneesh y a Alberto Tomba. El primero, un famoso gurú indio, nació el 11 de diciembre de 1931, con ascendente en Géminis. Se trata de un ejemplo paradigmático de un personaje que ha dado mucho que hablar y que retrata conceptos y principios contrapuestos: la comunión entre dos mundos, la riqueza y la pobreza.

Alberto Tomba, nacido el 19 de diciembre de 1966, se caracteriza por su carácter vital, entusiasta y alegre, que hace que sea muy simpático, aunque a veces un poco bravucón. Júpiter lo ha guiado amorosamente hacia el éxito y la estabilidad económica.

Entre las personalidades que más destacan en el pasado y en el presente recordaremos también a: Nostradamus (14 de diciembre de 1503), Ludwig van Beethoven (16 de diciembre de 1770), Winston Churchill (30 de noviembre de 1874), Walt Disney (5 de diciembre de 1901), Kirk Douglas (9 de diciembre de 1916), Frank Sinatra (12 de diciembre de 1917), Maurice Mességué (14 de diciembre de 1921), Little Richard (5 de diciembre de 1932), Woody Allen (1 de diciembre de 1935), Bruce Lee (27 de noviembre de 1940), Jimi Hendrix (27 de noviembre de 1942), Steven Spielberg (18 de diciembre de 1947), Brad Pitt (18 de diciembre de 1963), Christina Aguilera (18 de diciembre de 1980), Britney Spears (2 de diciembre de 1981).

Segunda parte

EL ASCENDENTE

Cómo calcular el ascendente

El ascendente tiene una importancia fundamental entre los factores astrales que caracterizan un horóscopo. El signo en el que se encuentra el ascendente es el que en el momento del nacimiento se levantaba en el horizonte, y cambia según la hora y el lugar en que se produjo.

El ascendente puede definirse como el punto de partida de las posibilidades de desarrollo individual; describe a la persona en sus características más evidentes: el comportamiento, las reacciones instintivas, las tendencias más naturales y manifiestas, e influye también en el aspecto físico. Muy a menudo, el individuo se reconoce más en las características típicas del ascendente que en las del signo solar al que pertenece: esto sucede porque el ascendente es la imagen consciente que tenemos de nosotros mismos y que manifestamos a los demás.

El ascendente, además, al caracterizar la constitución física, proporciona informaciones muy interesantes en el plano de la salud, pues indica los órganos y las partes del cuerpo más sujetas a trastornos y al tipo de estímulos a los que el individuo reacciona más rápidamente.

La presencia de los planetas en conjunción con el ascendente intensifica la personalidad y resalta algunas de las características, que de esta forma adquieren una evidencia particular: por ejemplo, encanto y amabilidad en el caso de Venus, y agresividad y competitividad en Marte.

Cálculo del ascendente

Los datos necesarios para calcular el ascendente son los siguientes: fecha, lugar y hora exacta del nacimiento (en el caso de que no se conozca la hora, se puede pedir en el registro la partida de nacimiento). Se acepta una aproximación de unos 15-20 minutos.

El procedimiento es sencillo, y sólo con algunos cálculos se podrá obtener la posición del ascendente con cierta precisión.

Pongamos un ejemplo con un nacimiento que tuvo lugar en Burgos, el 15 de junio de 1970 a las 17 h 30 min (hora oficial).

1. La primera operación que se debe hacer siempre será consultar la tabla de la pág. 65 para ver si en ese momento había alguna alteración horaria con respecto a la hora de Greenwich (que es la referencia horaria mundial y el meridiano patrón para España). En el caso de este ejemplo, había una diferencia de una hora y por ello es necesario restar una hora de la hora de nacimiento. Por lo tanto, tendremos: 17 h 30 min − 1 h (huso horario) = 16 h 30 min.

En cambio, en el caso de no haber horario de verano, no se deberá restar nada; pero si hay dos horas de diferencia con la hora oficial, entonces habrá que restarlas.

2. El resultado que se obtiene se suma a la hora sideral, que se puede localizar en la tabla de la pág. 72.

La hora sideral para la fecha que hemos tomado como ejemplo es 17 h 31 min; por lo tanto: 16 h 30 min + 17 h 31 min = 33 h 61 min. Pero este resultado precisa una corrección: de hecho, es necesario recordar que estamos realizando operaciones sexagesimales (es decir, estamos sumando horas, minutos y segundos).

Los minutos no pueden superar los 60, que es el número de minutos que hay en una hora. Por ello, el resultado se tiene que modificar transportando estos 60 minutos a la izquierda, transformándolos en 1 hora y dejando invariable el número de minutos restantes. Corregido de esta forma, el resultado original de 33 h 61 min se ha convertido en 34 h 1 min.

3. A continuación, para llegar hasta la determinación exacta del tiempo sideral de nacimiento, es necesario sumar al resultado obtenido la longitud traducida en tiempo relativa al lugar de nacimiento. La tabla de la pág. 69 proporciona la longitud en tiempo de las principales ciudades españolas: En el caso de Burgos, que es la ciudad del ejemplo, tenemos que restar 14 min 49 s. Podemos quitar los segundos para facilitar el procedimiento, ya que no altera prácticamente el resultado.

Para poder restar los minutos, debemos transformar una hora en minutos. Quedará así: 34 h 01 min = 33 h 61 min; 33 h 61 min − 14 min = 33 h 47 min.

Puesto que el resultado supera las 24 horas que tiene un día, es necesario restar 24.

Finalmente quedará así: 33 h 47 min − 24 h = 9 h 47 min, que indica el tiempo sideral de nacimiento.

4. Después de obtener, finalmente, este dato, sólo tendremos que consultar la tabla de la pág. 64 para descubrir en qué signo se encuentra el ascendente: en el caso que hemos tomado como ejemplo, el ascendente se encuentra en el signo de Escorpio.

Para resumir el procedimiento que hay que seguir, lo presentamos en este esquema, que puede ser útil para realizar el cálculo del propio ascendente.

```
........  −  HORA DE NACIMIENTO  −
1.00      =  1 HORA DE HUSO  = (en caso necesario hay que restar 2 horas)
........  +  HORA DE GREENWICH  +
........  =  HORA SIDERAL (tabla de la pág. 72) =

........  +  RESULTADO  +
........  =  LONGITUD EN TIEMPO
             (tabla de la pág. 69)  =

........     TIEMPO SIDERAL DE NACIMIENTO

TIEMPO SIDERAL DE NACIMIENTO = ................................
ASCENDENTE (tabla en esta página) = ................................
```

N.B. Al hacer los cálculos, hay que recordar siempre que se debe verificar que los minutos no superen los 60 y las horas las 24, y realizar las oportunas correcciones, como muestra el ejemplo. También se pueden efectuar estas al final del cálculo todas juntas.

BUSQUE AQUÍ SU ASCENDENTE

de 0.35' a 3.17'	ascendente en Leo
de 3.18' a 6.00'	ascendente en Virgo
de 6.01' a 8.43'	ascendente en Libra
de 8.44' a 11.25'	ascendente en Escorpio
de 11.26' a 13.53'	ascendente en Sagitario
de 13.54' a 15.43'	ascendente en Capricornio
de 15.44' a 17.00'	ascendente en Acuario
de 17.01' a 18.00'	ascendente en Piscis
de 18.01' a 18.59'	ascendente en Aries
de 19.00' a 20.17'	ascendente en Tauro
de 20.18' a 22.08'	ascendente en Géminis
de 22.09' a 0.34'	ascendente en Cáncer

CAMBIOS HORARIOS EN ESPAÑA

Se resta 1 h a los nacidos en:

- 1918, entre el 15 de abril a las 23.00 h y el 6 de octubre a las 00.00 h.
- 1919, entre el 6 de abril a las 23.00 h y el 6 de octubre a las 00.00 h.

No se suma ni se resta nada a los nacidos entre 1920 y 1923.

Se resta 1 h a los nacidos en:

- 1924, entre el 16 de abril a las 23.00 h y el 4 de octubre a las 00.00 h.

No se suma ni se resta nada a los nacidos en el año 1925.

Se resta 1 h a los nacidos en:

- 1926, entre el 17 de abril a las 23.00 h y el 2 de octubre a las 00.00 h.
- 1927, entre el 9 de abril a las 23.00 h y el 1 de octubre a las 00.00 h.
- 1928, entre el 14 de abril a las 23.00 h y el 6 de octubre a las 00.00 h.
- 1929, entre el 20 de abril a las 23.00 h y el 6 de octubre a las 00.00 h.

No se suma ni se resta nada a los nacidos entre 1930 y 1936.

Se resta 1 h a los nacidos en:

- 1937, zona republicana, entre el 16 de junio a las 23.00 h y el 6 de octubre a las 00.00 h; zona nacional, entre el 22 de mayo a las 23.00 h y el 2 de octubre a las 00.00 h.
- 1938, zona republicana, entre el 2 de abril a las 23.00 h y el 30 de abril a las 23.00 h.

Se restan 2 h a los nacidos en:

• 1938, zona republicana, entre el 30 de abril a las 23.00 h y el 2 de octubre a las 00.00 h.

Se resta 1 h a los nacidos en:

• 1938, zona republicana, entre el 2 de octubre a las 00.00 h y el 31 de diciembre a las 00.00 h.

Se resta 1 h a los nacidos en:

• 1938, zona republicana, entre el 26 de marzo y el 1 de octubre a las 00.00 h.

• 1939, zona republicana, entre el 1 de enero y el 1 de abril; zona nacional, entre el 15 de abril a las 23.00 h y el 7 de octubre a las 00.00 h.

• 1940, entre el 16 de marzo a las 23.00 h y el 31 de diciembre a las 00.00 h.

Se resta 1 h a los nacidos en 1941.

Se resta 1 h a los nacidos en:

• 1942, entre el 1 de enero y el 2 de mayo a las 23.00 h.

Se restan 2 h a los nacidos en:

• 1942, entre el 2 de mayo a las 23.00 h y el 1 de septiembre a las 00.00 h.

• 1943, entre el 17 de abril a las 23.00 h y el 2 de octubre a las 00.00 h.

• 1944, entre el 17 de abril a las 23.00 h y el 1 de octubre a la 1.00 h.

• 1945, entre el 14 de abril a las 23.00 h y el 30 de septiembre a la 1.00 h.

• 1946, entre el 13 de abril a las 23.00 h y el 28 de septiembre a las 00.00 h.

• 1949, entre el 30 de abril a las 23.00 h y el 2 de octubre a la 1.00 h.

Se resta 1 h a los nacidos en fechas que no se han citado anteriormente entre los años 1942 y 1949.

Se resta 1 h a los nacidos entre 1950 y 1973.

Se restan 2 h a los nacidos en:

- 1974, entre el 13 de abril a las 23.00 h y el 6 de octubre a la 1.00 h.

- 1975, entre el 12 de abril a las 23.00 h y el 4 de octubre a las 00.00 h.

- 1976, entre el 27 de marzo a las 23.00 h y el 25 de septiembre a las 00.00 h.

- 1977, entre el 2 de abril a las 23.00 h y el 24 de septiembre a las 00.00 h.

- 1978, entre el 2 de abril a las 2.00 h y el 30 de septiembre a las 3.00 h.

- 1979, entre el 1 de abril a las 2.00 h y el 30 de septiembre a las 3.00 h.

- 1980, entre el 6 de abril a las 2.00 h y el 26 de septiembre a las 2.00 h.

- 1981, entre el 29 de marzo a las 2.00 h y el 27 de septiembre a las 3.00 h.

- 1982, entre el 29 de marzo a las 2.00 h y el 27 de septiembre a las 2.00 h.

- 1983, entre el 27 de marzo a las 2.00 h y el 25 de septiembre a las 2.00 h.

- 1984, entre el 24 de marzo a las 2.00 h y el 30 de septiembre a las 3.00 h.

- 1985, entre el 31 de marzo a las 2.00 h y el 29 de septiembre a las 3.00 h.

- 1986, entre el 29 de marzo a las 2.00 h y el 27 de septiembre a las 3.00 h.

- 1987, entre el 29 de marzo a las 2.00 h y el 27 de septiembre a las 3.00 h.

- 1988, entre el 27 de marzo a las 2.00 h y el 25 de septiembre a las 3.00 h.

- 1989, entre el 26 de marzo a las 2.00 h y el 24 de septiembre a las 3.00 h.

- 1990, entre el 25 de marzo a las 2.00 h y el 29 de septiembre a las 3.00 h.

- 1991, entre el 24 de marzo a las 2.00 h y el 29 de septiembre a las 3.00 h.
- 1992, entre el 29 de marzo a las 2.00 h y el 27 de septiembre a las 3.00 h.
- 1993, entre el 28 de marzo a las 2.00 h y el 26 de septiembre a las 3.00 h.
- 1994, entre el 27 de marzo a las 2.00 h y el 25 de septiembre a las 3.00 h.
- 1995, entre el 26 de marzo a las 2.00 h y el 24 de septiembre a las 3.00 h.
- 1996, entre el 24 de marzo a las 2.00 h y el 27 de octubre a las 3.00 h.
- 1997, entre el 30 de marzo a las 2.00 h y el 26 de octubre a las 3.00 h.
- 1998, entre el 29 de marzo a las 2.00 h y el 25 de octubre a las 3.00 h.
- 1999, entre el 27 de marzo a las 2.00 h y el 30 de octubre a las 3.00 h.
- 2000, entre el 26 de marzo a las 2.00 h y el 29 de octubre a las 3.00 h.
- 2001, entre el 25 de marzo a las 2.00 h y el 28 de octubre a las 3.00 h.
- 2002, entre el 31 de marzo a las 2.00 h y el 27 de octubre a las 3.00 h.
- 2003, entre el 30 de marzo a las 2.00 h y el 26 de octubre a las 3.00 h.
- 2004, entre el 28 de marzo a las 2.00 h y el 31 de octubre a las 3.00 h.
- 2005, entre el 27 de marzo a las 2.00 h y el 30 de octubre a las 3.00 h.
- 2006, entre el 26 de marzo a las 2.00 h y el 29 de octubre a las 3.00 h.
- 2007, entre el 25 de marzo a las 2.00 h y el 28 de octubre a las 3.00 h.
- 2008, entre el 30 de marzo a las 2.00 h y el 26 de octubre a las 3.00 h.
- 2009, entre el 29 de marzo a las 2.00 h y el 25 de octubre a las 3.00 h.
- 2010, entre el 28 de marzo a las 2.00 h y el 31 de octubre a las 3.00 h.
- 2011, entre el 27 de marzo a las 2.00 h y el 30 de octubre a las 3.00 h.

Se resta 1 h a los nacidos entre 1974 y 1990 en las fechas que no figuran entre las anteriores.

TABLA DE COORDENADAS
DE LAS PRINCIPALES CIUDADES DE ESPAÑA

Ciudad	Latitud	Longitud
A CORUÑA	43° 23'	– 33' 34"
ALBACETE	39° 00'	– 7' 25"
ALCUDIA	39° 52'	+ 11' 36"
ALGECIRAS	36° 09'	– 21' 52"
ALICANTE	38° 20'	– 1' 56"
ALMERÍA	36° 50'	– 9' 52"
ÁVILA	40° 39'	– 18' 47"
BADAJOZ	38° 53'	– 27' 53"
BARCELONA	41° 23'	+ 8' 44"
BILBAO	43° 15'	– 11' 42"
BURGOS	42° 20'	– 14' 49"
CÁCERES	39° 28'	– 25' 29"
CADAQUÉS	42° 17'	+ 13' 08"
CÁDIZ	36° 32'	– 25' 11"
CALATAYUD	41° 20'	– 6' 40"
CARTAGENA	37° 38'	– 3' 55"
CASTELLÓN	39° 50'	– 0' 09"
CIUDAD REAL	38° 59'	– 15' 43"
CIUDAD ROGRIGO	40° 36'	– 26' 08"
CÓRDOBA	37° 53'	– 19' 07"
CUENCA	40° 04'	– 8' 32"
ÉIBAR	43° 11'	– 11' 52"
ELCHE	38° 15'	– 2' 48"
FRAGA	41° 32'	– 1' 24"
FUERTEVENTURA	28° 30'	– 56' 00"

Ciudad	Latitud	Longitud
GERONA	41° 59'	+ 11' 18"
GIJÓN	43° 32'	– 22' 48"
GOMERA	28° 10'	– 1 h 08' 20"
GRANADA	37° 11'	– 14' 24"
GUADALAJARA	40° 38'	– 12' 39"
HIERRO	27° 57'	– 1 h' 44"
HUELVA	37° 16'	– 27' 47"
HUESCA	42° 08'	– 1' 38"
IBIZA	38° 54'	+ 5' 44"
JAÉN	37° 46'	– 15' 09"
LA PALMA	25° 40'	– 1 h 11' 20"
LANZAROTE	29° 00'	– 54' 40"
LAS PALMAS G. C.	28° 06'	– 1 h 01' 40"
LEÓN	42° 36'	– 22' 16"
LÉRIDA	41° 37'	+ 2' 30"
LINARES	38° 06'	– 14' 32"
LOGROÑO	42° 28'	– 9' 47"
LORCA	37° 41'	– 6' 48"
LUGO	43° 01'	– 30' 14"
MADRID	40° 24'	– 14' 44"
MAHÓN	39° 50'	+ 17' 12"
MÁLAGA	36° 43'	– 17' 41"
MANACOR	39° 34'	+ 12' 53"
MANRESA	41° 44'	+ 7' 20"
MARBELLA	36° 30'	– 19' 36"
MIERES	43° 15'	– 23' 04"
MURCIA	37° 59'	– 4' 31"

Ciudad	Latitud	Longitud
ORENSE	42° 20'	– 31' 27"
OVIEDO	43° 22'	– 23' 22"
PALENCIA	42° 00'	– 18' 08"
P. MALLORCA	39° 34'	+ 10' 36"
PAMPLONA	42° 49'	– 6' 36"
PLASENCIA	40° 03'	– 24' 32"
PONFERRADA	42° 33'	– 26' 20"
PONTEVEDRA	42° 26'	– 34' 36"
SALAMANCA	40° 57'	– 22' 40"
SAN SEBASTIÁN	43° 19'	– 7' 56"
STA. CRUZ DE TENERIFE	28° 28'	– 1 h 5' 57"
SANTIAGO DE COMP.	42° 52'	– 34' 12"
SANTANDER	43° 28'	– 15' 13"
SEGOVIA	40° 57'	– 16' 30"
SEVILLA	37° 23'	– 23' 58"
SORIA	41° 46'	– 9' 52"
TARRAGONA	41° 07'	+ 5' 02"
TERUEL	40° 20'	– 4' 26"
TOLEDO	39° 51'	– 16' 05"
TORTOSA	40° 49'	+ 2' 04"
TUDELA	42° 04'	– 6' 24"
VALENCIA	39° 28'	– 1' 30"
VALLADOLID	41° 39'	– 18' 53"
VIELLA	42° 42'	+ 3' 16"
VIGO	42° 18'	– 34' 44"
VITORIA	42° 51'	– 10' 42"
ZAMORA	41° 30'	– 23' 01"
ZARAGOZA	41° 34'	– 3' 31"

Tabla para la búsqueda de la hora sideral

Día	En.	Feb.	Mar.	Abr.	May.	Jun.	Jul.	Ag.	Sept.	Oct.	Nov.	Dic.
1	6.36	8.38	10.33	12.36	14.33	16.36	18.34	20.37	22.39	0.37	2.39	4.38
2	6.40	8.42	10.37	12.40	14.37	16.40	18.38	20.41	22.43	0.41	2.43	4.42
3	6.44	8.46	10.40	12.44	14.41	16.43	18.42	20.45	22.47	0.45	2.47	4.46
4	6.48	8.50	10.44	12.48	14.45	16.47	18.46	20.49	22.51	049	2.51	4.50
5	6.52	8.54	10.48	12.52	14.49	16.51	18.50	20.53	22.55	0.53	2.55	4.54
6	6.56	8.58	10.52	12.55	14.53	16.55	18.54	20.57	22.59	0.57	2.59	4.57
7	7.00	9.02	10.56	12.58	14.57	16.59	18.58	21.00	23.03	1.01	3.03	5.01
8	7.04	9.06	11.00	13.02	15.01	17.03	19.02	21.04	23.07	1.05	3.07	5.05
9	7.08	9.10	11.04	13.06	15.05	17.07	19.06	21.08	23.11	1.09	3.11	5.09
10	7.12	9.14	11.08	13.10	15.09	17.11	19.10	21.12	23.14	1.13	3.15	5.13
11	7.15	9.18	11.12	13.15	15.13	17.15	19.14	21.16	23.18	1.17	3.19	5.17
12	7.19	9.22	11.16	13.18	15.17	17.19	19.18	21.20	23.22	1.21	3.23	5.21
13	7.23	9.26	11.20	13.22	15.21	17.23	19.22	21.24	23.26	1.25	3.27	5.25
14	7.27	9.30	11.24	13.26	15.24	17.27	19.26	21.28	23.30	1.29	3.31	5.29
15	7.31	9.33	11.28	13.30	15.28	17.31	19.30	21.32	23.34	1.32	3.35	5.33

16	7.35	9.37	11.32	13.34	15.32	17.34	19.34	21.36	23.38	1.36	3.39	5.37
17	7.39	9.41	11.36	13.38	15.36	17.38	19.38	21.40	23.42	1.40	3.43	5.41
18	7.43	9.45	11.40	13.42	15.40	17.42	19.42	21.44	23.46	1.44	3.47	5.45
19	7.47	9.49	11.44	13.46	15.44	17.46	19.46	21.48	23.50	1.48	3.50	5.49
20	7.51	9.53	11.48	13.50	15.48	17.50	19.49	21.52	23.54	1.52	3.54	5.53
21	7.55	9.57	11.52	13.54	15.52	17.54	19.53	21.56	23.58	1.56	3.58	5.57
22	7.59	10.01	11.55	13.58	15.56	17.58	19.57	22.00	0.02	2.00	4.02	6.01
23	8.03	10.05	11.58	14.02	16.00	18.02	20.02	22.04	0.06	2.04	4.06	6.05
24	8.07	10.09	12.02	14.06	16.04	18.06	20.06	22.08	0.10	2.06	4.10	6.09
25	8.11	10.13	12.06	14.10	16.08	18.10	20.10	22.12	0.14	2.12	4.14	6.13
26	8.15	10.17	12.10	14.14	16.12	18.14	20.14	22.16	0.18	2.16	4.18	6.17
27	8.19	10.21	12.14	14.18	16.16	18.18	20.18	22.20	0.23	2.20	4.22	6.21
28	8.23	10.25	12.18	14.22	16.20	18.22	20.22	22.24	0.26	2.24	4.26	6.24
29	8.26	10.29	12.22	14.26	16.24	18.26	20.26	22.27	0.30	2.28	4.30	6.28
30	8.30		12.26	14.29	16.28	18.30	20.30	22.31	0.34	2.32	4.34	6.32
31	8.34		12.30		16.32		20.33	22.35		2.36		6.36

Si usted es Sagitario con ascendente...

Sagitario con ascendente Aries

Esta combinación astral de dos signos de Fuego aporta un carácter muy particular y una personalidad no muy común. Animado a menudo por exuberancias y fuerzas impetuosas, este nativo sabe normalmente cuál es su labor: es audaz, pasional, siempre está a la conquista de nuevas metas y realizaciones, tanto prácticas como ideales. Nunca le falta la voluntad y la decisión para alcanzar lo que se ha marcado, aunque podría rectificar la ruta durante el camino. Los que convivan con este personaje no podrán aburrirse ni aunque quieran, pero tampoco podrán esperar momentos de calma y de tregua entre un proyecto y otro, entre una idea y otra. Un centauro, por lo tanto, más persistente que nunca, que no sabe estarse quieto y lleva una vida social realmente rica y emocionante.

Sagitario con ascendente Tauro

En esta unión se combinan armoniosamente dos elementos tan distintos entre sí como la Tierra de Tauro y el Fuego de Sagitario para dar al nativo un aspecto equilibrado y tenaz. El empuje y el idealismo de Sagitario se encaminan sabiamente hacia el pragmatismo por la huella que deja el ascendente

Tauro. Los que pertenecen a esta combinación se sentirán atraídos por elevadas aspiraciones y ambiciosos proyectos abstractos, pero al mismo tiempo no les faltará el sentido práctico y la fuerza necesaria para encontrar vías concretas de realización en la vida cotidiana. Además, se tratará de una persona sociable, que se sentirá atraída por las diversiones y los placeres de la vida, sobre todo por la buena mesa.

Sagitario con ascendente Géminis

El Fuego, que aporta volubilidad e inconstancia, se une al Aire del ascendente Géminis, también mutable, para hacer emerger una personalidad marcadamente curiosa y deseosa de continuas novedades. Por lo tanto, se tratará de una persona inquieta y curiosa, a veces incluso caprichosa. Afortunadamente, la inteligencia y la habilidad mental de los Géminis no contrasta en absoluto con la tendencia a la ampliación de intereses que resulta típica del nativo de Sagitario. Esto hará que sea una persona realmente fascinante, capaz de interesarse por cualquier cosa y a la altura de cualquier circunstancia. Los obstáculos le servirán de estímulo para la acción y las situaciones nuevas lo empujarán a arriesgarse. Se podría incluir una cierta superficialidad e indiferencia hacia algunas emociones ajenas.

Sagitario con ascendente Cáncer

El carácter que surge de esta combinación no parece prometer nada bueno, puesto que el Agua de Cáncer tiende a apagar la exuberancia del Fuego. Por lo tanto, podrán aparecer tendencias y deseos opuestos que hacen difícil la toma de decisiones y de posiciones externas.

Cuando predomina la parte de Sagitario, el individuo se ve empujado a actuar y a asumir una actitud optimista y confiada en las circunstancias; en cambio, si predomina la parte de Cáncer, su comportamiento será más cerrado, con tendencia a hurgar y a poner en evidencia las facetas negativas de los acontecimientos. Sin embargo, los conflictos podrán superarse de forma gradual, sobre todo en el ámbito familiar, donde queda claro el deseo de construir unos sólidos lazos tradicionales.

Sagitario con ascendente Leo

Esta es una combinación estimulante que hace que el sujeto sea muy autónomo y activo, preparado para afrontar cualquier situación con la cabeza muy alta. Está seguro de sí mismo, orgulloso de sus capacidades y realizaciones, que suelen obtener éxito y prestigio social. Este nativo quiere triunfar a cualquier precio, es ambicioso y se siente atraído hacia metas arduas que se deben realizar lo más pronto posible, sin titubeos inútiles.

En el amor le gusta conquistar a sus presas y, normalmente, lo consigue fácilmente, debido a su pasión y constancia, que dura por lo menos hasta que llega a la meta. Quizá podría pecar de prepotencia y falta de tacto, pero no será fácil hacerle asumir una actitud más tranquila y conciliadora. En definitiva, un fuego que arde con violencia y que no admite derrotas ni medias tintas.

Sagitario con ascendente Virgo

Elementos y características básicas tan diferentes pueden crear una personalidad un poco retorcida y desconfiada.

Sin embargo, este nativo tiene de positivo que la fantasía e inconstancia de Sagitario pueden verse frenadas por la concreción y el sentido crítico del ascendente Virgo.

Cuando predominan estas posibilidades de armonización, el temperamento resultante será realmente más completo y satisfactorio. El sujeto oscilará entonces entre los estados de euforia y optimismo y las sensaciones de pesimismo y rigidez. Esta lucha interior podrá llevarlos a momentos de crisis existenciales que, una vez superados, se revelarán útiles para su maduración personal y la consciencia de sí mismos y de su valor.

Sagitario con ascendente Libra

El Aire del ascendente Libra no puede alimentar y vivificar el Fuego del nativo de Sagitario. Las características de disponibilidad, desenvoltura y amor por la belleza de Libra enriquecen y completan la capacidad de empuje y comunicación personal de Sagitario. De ello surge una personalidad armoniosa, que sabe dar el valor adecuado a las cosas y evita que Libra se incline demasiado hacia el materialismo o el idealismo abstracto. Se trata de una naturaleza abierta y receptiva con la que es agradable estar en compañía, sobre todo por esa cierta delicadeza e intuición capaz de crear a su alrededor una atmósfera serena. Afable y cordial en el trato con sus semejantes, deseará compartir con ellos sobre todo intereses de tipo artístico y creativo.

Sagitario con ascendente Escorpio

Este nativo es fascinante, lleno de magnetismo provocador y un poco misterioso. Existen, de todos modos, tendencias opuestas que pueden crear incongruencias y estados de ánimo complejos. Por lo tanto, se manifestarán diversas contradicciones internas, pero también diferentes puntos de contacto que harán de él una persona estimulante, aunque atormentada.

La sensualidad y la predisposición a vivir profundas y frecuentes relaciones sexuales atraen a parejas que están en sintonía en ese sentido y poseen una sexualidad igualmente articulada y exigente. Por lo tanto, no resultará sencillo comprender esta personalidad fuerte y controvertida que normalmente no se muestra de manera manifiesta y directa, y que no pide consejos ni apoyos, ni siquiera a las personas que le aprecian.

Sagitario con ascendente Sagitario

En esta combinación, las características propias del tipo Sagitario se remarcan y se subrayan; es decir, se refuerzan los lados buenos y malos típicos de este signo. De ello resulta una personalidad alegre, optimista hasta una exagerada ingenuidad y exuberante en todas las circunstancias. También muestra, por otra parte, una volubilidad e inconstancia marcadas que podrá impedir la consecución de las metas, debido a la probable dispersión de energías y potencialidades.

Se trata de una persona independiente y amante de la libertad hasta la exasperación, con una especie de manía continua por la aventura y las emociones nuevas y estimulantes. Sin embargo, los lados positivos son numerosos: un marcado sentido de la justicia, disponibilidad para ayudar a sus semejantes, alegría de vivir, espontaneidad y sinceridad. Con su simpatía conseguirá, además, implicar incluso a las personas más introvertidas y desconfiadas.

Sagitario con ascendente Capricornio

Este Sagitario pierde, en esta unión, algunas de sus características típicas, sobre todo el querer hacer y excederse; en consecuencia, este nativo utilizará sus propias potencialidades de forma bastante confusa y dispersa. El elemento Tierra de Capricornio le permite una mayor precisión a la hora de definir y orientar sus objetivos. La falta de constancia de Sagitario podrá superarse gracias a la influencia práctica del ascendente. Se trata de un individuo ambicioso, que aprecia mucho su prestigio y el triunfo social y profesional, aunque peca de arribismo o deseo de acumular dinero. Es muy sensible a la estima y al respeto de las personas que lo rodean y, por ello hace lo que sea para ganárselo.

Sagitario con ascendente Acuario

Los dos elementos y las características básicas armonizan decididamente entre ellos y crean una personalidad equilibrada y llena de aspectos estimulantes y fascinantes.

El sentido humano y altruista de Acuario se acopla bien con los impulsos generosos de Sagitario: tendremos pues a una persona desinteresada y sensible, con elevados ideales y amplias perspectivas mentales. Se interesa por el futuro y busca realizaciones y conocimientos interiores profundos. Se trata de un idealista nato, preparado para luchar por los principios en los que cree y absolutamente privado de emociones negativas, como el rencor, la envidia, los celos y el egoísmo. Quizá pecará en el ámbito práctico, puesto que no le gusta nada atender las tareas cotidianas. Su mente está repleta de proyectos de otro tipo y se proyecta más allá de lo contingente y lo inmediato.

Sagitario con ascendente Piscis

Se trata de una personalidad no demasiado dinámica, pero seguramente sensible y receptora, capaz de descubrir en los demás los matices y los estados de ánimo más recónditos. Estas características, que le proporciona el elemento del Agua de su ascendente, pueden contrastar con una cierta ligereza que proviene de los rasgos de Sagitario. De todos modos, predomina una actitud dócil y una visión bastante conciliadora con toda la humanidad. En algunos sujetos, estas tendencias llegan a niveles máximos de misticismo y religiosidad. En cualquier caso, la intuición que proporciona el ascendente sólo puede favorecer los ambiciosos intentos de Sagitario, que en esta combinación tiene muchas posibilidades de ser más concreto.

Tercera parte

PREVISIONES PARA 2019

Previsiones para Sagitario en 2019

Vida amorosa

Enero

Este es un año que comienza con muchas propuestas, pero usted estará más dispuesto a otros aspectos que no sean el sentimental o afectivo. Quizá se vuelque más en personas mayores que requieren su atención, y si hay alguien en especial, o algún encuentro o comunicación interesante, será breve, a no ser que esté ligado a sus estudios o sus actividades diarias. No obstante, los días 7 y 8 son buenos para encuentros. En la segunda quincena del mes, se produce un giro interesante en su mundo de relaciones, y usted se encuentra con una nueva disposición y un renovado talante en sus relaciones de clan, concretamente con alguien que le llega más y con el que quizá se establezca una complicidad.

Febrero

En la primera quincena del mes, los días 3, 4, 8 y 9 son los mejores para mantener relaciones. Esta complicidad cobrará poco a poco más forma, pero más en lo intelectual que en lo íntimo. Esto puede darse más en las últimas semanas del mes. Ambos «se contarán su película o los detalles del rodaje»; si ya se conocen y no sabe por qué se siente atraído ante la posibilidad de mantener una especie de intimidad, quizá lo deje correr.

Marzo

Decididamente, está entrando en una nueva onda en la que no hay ni conquistador ni conquistado, y decide que sí, que usted es el centauro con el arco y la flecha de su signo, pero con todos los aparejos colgados al hombro porque la situación es muy fluida. Aparte, se dan detalles en el ambiente en el que se ruedan las tomas de su película, que hacen que así lo sea.

Abril

Hasta el día 20 todavía tendrá vigencia astral su sector de ligues, amoríos y correrías, con la particularidad de que los ya unidos o comprometidos verán que son más fieles a su aventurero signo que a los nudos morales, con lo que podrá darse la clásica situación de nadar entre dos aguas. Este talante de dejar que las cosas fluyan parece que funciona. El hombre y la muyer Sagitario tienen un aura que atrae como un imán y poseen una tendencia a escuchar, a ser más receptivos y expresivos.

Mayo

Los días 1, 5, 6, 10 y 11 tienen la Luna favorable para que la vida no sea sólo trabajo. Quizás haya cosas que tratar con gente con quien expresa su afectividad, y presiente que, finalmente, hacia mitad del mes, algunos aspectos de las relaciones le harán sentirse vulnerable. Pero no será para tanto, pues se siente como si hubiera alcanzado la iluminación. Ya bien entrado el mes, sentirá mucha inquietud, estará como dentro de una lavadora en marcha y, claro, nadie se atreve a abrir la puerta.

Junio

Es un mes en que posiblemente vaya de un lado para otro y, a la mínima que se libera de sus obligaciones, se escapa. Quizá se trate de encuentros con gente con quien comparte alguna cosa en común. Es posible que vea desde otro prisma la emotividad y los afectos, por lo que encuentra difícil aterrizar en relaciones repetitivas y que se mueven en un cierto círculo de intereses y en determinados lugares. No obstante, por su naturaleza cordial, comparte estos momentos, pero de forma distante.

Julio

Es el mes en el que entra en el sector 8, que en las relaciones rige las transformaciones, aunque también la sexualidad y las aproximaciones íntimas. El eclipse del día 11 puede que le haga plantearse de nuevo estas cosas y aproveche su faceta de librepensador. Si es mujer, tal vez lance una filípica a quien se le insinúe; otros, que pueden ser hombres u mujeres, se sentirán tentados por nuevas experiencias en la manera de unirse, de disfrutar; tal vez, la sexualidad, si se da, es una aventura más, pero no polariza su historia, como es habitual.

Agosto

Desde el pasado 23 de julio hasta el 23 de agosto existen muchas posibilidades de salir disparado hacia uno o más destinos, quizá con un grupo. En el tejido de estas relaciones, pese a sus esfuerzos, tal vez no le entiendan, aunque sí le comprenderán las personas más cercanas. De todas formas, se afianza su manera de valorar el amor e interiormente piensa en el equilibrio que tiene en su vida, pese a que a veces sienta algo de rabia por su historial. Otra película es la que viven aquellos que se atienen a lo que hay y encuentran pareja: buscan la justa medida, pero dándole cabida al amor. En fin, que la pareja cobra protagonismo y usted toma posiciones respecto a ella.

Septiembre

Algunas aguas vuelven a su cauce, aunque con el paso del mes se hacen turbias, por diversas causas, entre ellas el amor. Lo que pueda haber ocurrido en verano es, para unos más y para otros menos, una señal de un camino sin retorno y, aunque tiene razón, esto quizá se haga realidad el próximo año. De momento está de horas bajas, pero no porque le falte o no pueda encontrar el camino adecuado. Sobre todo los veteranos del signo o los que ya pasan de todo y encuentran en el sexo, de momento, un valioso refugio, pueden vivir aventuras deliciosas.

Octubre

La situación de nervios y ansiedad continúa como trasfondo hasta fin de año, con irregularidades y altibajos de humor y disposición. Esto será más notorio para los nacidos en los últimos días del signo, lo cual se hará patente en sus relaciones generales y aún más en las íntimas. No obstante, respecto a las personas más cercanas parece que cubre mejor sus necesidades de afecto, si no le buscan mucho las cosquillas y lo dejan a su aire para poder sacar sus sentimientos más tiernos y sinceros.

Noviembre

Marte estará en Sagitario hasta la mitad del puente de diciembre, lo que favorece a los cazadores del signo; disfrutarán de todos los momentos: del hoy aquí, del mañana allá, igual que Zeus.

Si usted es mujer, nadie le impide emularlo, pero será más frecuente adoptar una posición distante, si alguien la quiere cazar y se volverá una cazadora pasiva. El final del episodio dependerá de usted: si acepta, es porque el cazador está a la altura y, además, le ha gustado cómo ha llevado el juego; si no, le dará un gran chasco.

Diciembre

Desde el día 21 de noviembre, el ánimo repunta, ya que el Sol, que todo lo aclara, entra en su signo. ¡Aleluya! Pero del día 15 al 22 de diciembre estará mal dispuesto con su planeta, Júpiter, lo que le desorganizará un poco la cabeza tanto para sus asuntos generales como en su vida amorosa. A medida que avanzan las fiestas, alguien que le ha echado el ojo entrará en su vida con discreción, y quizá lo alcance una vez entrada la Navidad.

Para la mujer Sagitario

La mujer Sagitario es la más arriesgada del Zodiaco, tanto si se trata de formalizar una relación como de deshacerla. Si esto no es posible, hará todo lo que se espera de ella para que la relación pase a una segunda etapa; si se trata de formarla, entrará de lleno en los inconvenientes del otro para que vea que, finalmente, no son un problema. Esta faceta se activará este año pero, de acuerdo con la situación general, se encontrará con algunos inconvenientes.

Para el hombre Sagitario

Los hombres Sagitario son más indecisos en relaciones formadas y llegan a la clásica situación de navegar entre dos aguas, en la que, por no tomar una determinación, sufren él y todos los involucrados. Además, Júpiter rige a Sagitario, planeta masculino que hace que el hombre de este signo tenga un acusado sentido de *Pater familias* que le otorga este planeta; por ello, se le exige mantener el papel social que tiene o que pretende conseguir.

Salud

Primer trimestre

Será propenso a que, por efecto de tratamientos puntuales o cruzados, sufra «acuses de recibo» del hígado y, muy posiblemente, de la función gastrointestinal.

Como son malos enfermos y no se cuidan bien, puede que algunos síntomas del pasado vuelvan, tanto ahora como en primavera, o que tal vez sufra algún tipo de dolencia que dará paso a otras. A principios de marzo, estará más expuesto y vulnerable, y deberá tender cuidado con la lluvia y la humedad que imperan, a no ser que se regale unos días termales o se permita estar en cama, ya que lo onírico y las fantasías estarán muy presentes en este periodo, pues este año Júpiter le funciona más en la parte interna, y más ahora.

Segundo trimestre

La primavera le hará pasar de estación con mejor pie con el que empezó, y para muchos esto no es una metáfora:

precisamente en la parte baja del cuerpo se cuecen los dolores de espalda, postura y demás desajustes que el cielo dirige. Como es habitual en usted, tendrá todas las papeletas para salir durante la Semana Santa, ya que sabe que la distancia y el hecho de viajar le benefician, y más si hace buen tiempo, tal como parece.

Su casa de mantenimiento de la salud está ocupada, pero para darle mayor bienestar y como está en esa onda, aprovechará para arreglar «chapa y pintura», y para renovar su vestuario y todo lo que mantiene la buena forma y la imagen.

A medida que entra mayo, muchos Sagitario se sentirán más nerviosos de lo habitual, lo que se traducirá, cada tanto, en apagones energéticos de mayor o menor intensidad y duración; otros tendrán problemas con el sueño, lo que les hará muy molesta la vida cotidiana. A los nacidos durante los últimos días del signo les costará más mantener el control durante todo este periodo, así como en la segunda parte del año.

Tercer trimestre

Hacia comienzos de julio, la situación continúa más o menos igual, pero quizá cambie de territorio. Existe una tendencia a sentir pesadez o molestias en la cabeza; deberá refrescarse mucho para aliviar este malestar durante toda la estación. Otros puede que sientan temblores o una mayor sensibilidad a la presión corporal. La bisagra de fin de julio e inicio de agosto le hará cuidarse en general; además, deberá prestar atención a los trastornos ocasionados por el cambio de clima, pues, como es habitual en muchos Sagitario, hará grandes viajes.

A medida que decae el verano, en los días previos a la entrada del otoño deberá cuidarse de sus males habituales, quizá producidos por los esfuerzos de adecuarse a la vuelta de sus viajes. Venus y Marte ocupan su eje de la salud, y este último se quedará hasta fines de octubre. Evite las exposiciones a los peligros. Venus se mantendrá en su signo hasta finales del año y tal vez traiga alivios y cuidados para que vaya rehabilitándose. Finalmente, todo esto puede quedar en leves molestias.

Cuarto trimestre

A medida que entra octubre, y especialmente cuando la Luna decae, hacia finales de mes, se notará más bajo de energía. Con la entrada de Marte en su signo, que se quedará hasta entrado diciembre, puede que padezca problemas característicos del signo, relacionados con el sistema hepático, las piernas y la ciática, los más clásicos. Conviene que no desobedezca a las llamadas de su cuerpo para que mantenga reposo, aunque todo junto quizá sólo se traduce en un bajón.

A medida que los Sagitario cumplan años, la salud mejorará, incluido el aspecto psicológico. Los más proclives a mantenerse con un vigor continuado serán los nacidos durante los primeros días del signo.

Economía y vida laboral

Primer trimestre

Este será un año tan exigente como el anterior, ya que continúan la tirantez y la mezcla de su parte social y laboral con la privada, todas ellas sujetas a los altibajos que son propios en los nativos del signo. Desde el 18 de enero y hasta junio, su planeta, Júpiter, pasará por otro lugar donde le influirá otro signo, Piscis, lo que acentuará la búsqueda de recursos internos, sus verdaderas necesidades, de sentido, pero también más que nunca contará con su intuición para captar ondas más sutiles que se mueven en este proceso de cambio e innovación que a todos llama.

Hacia febrero o marzo se dará un punto álgido en este trabajo interior y se producirá una llamada a la innovación, que tratará de imponer para que haya los mínimos platos rotos, tanto si es el que tiene la iniciativa como si le viene dado de fuera. Además, estará acentuada la interferencia de sus asuntos privados.

Durante este periodo, algunos intentarán hacer cursos de formación; otros, los más libres y con más iniciativa, renovarán el lugar de sus actividades, echarán mano del patrimonio para cubrir los fines que se proponen o le sacarán más partido a un bien inmueble, situaciones que, con suerte, resolverán en marzo.

Segundo trimestre

La entrada de la primavera le dará fuerza. Todo indica que le irá mejor económicamente, siempre que tenga tareas suplementarias o que su puesto laboral requiera el visto bueno de tesorería para sacar adelante los proyectos personales o del equipo laboral, lo que es el caso para muchos del signo.

También pueden darse cambios que presionarán un poco pero que serán beneficiosos y recortarán gastos.

Los pasos adecuados para movilizar un patrimonio o un bien continúan. Tendrá otra oportunidad relacionada con este tema hacia junio o ya entrado el mes de julio. En ese momento andará liado, como si estuviera resolviendo un cubo de Rubik, para traducir esa situación en su declaración de bienes.

Este año los eclipses de Sol tocan su eje monetario, los sectores 2 (personal) y 8 (obligaciones compartidas, deudas y pagos, fisco, multas y traspasos), y un eclipse de Luna el día 26 lo pueden poner en apuros personales relacionados con las finanzas.

A principios de junio, y ya durante todo el verano, su planeta junto con el imprevisible e inquieto Urano, el de los cambios, formarán un tándem y se darán un garbeo por Aries, lo que indicará que, al menos de cabeza, usted quiere estar en otras cosas que no sean los negocios.

Tercer trimestre

El eclipse de Sol se da el día 11 en su sector 8. Los primeros días estará envuelto en trámites y tiras y aflojas con los pormenores administrativos para liquidar un bien o un traspaso, o ceder o dejar algo en otras manos. Aunque para algunos todo puede quedar en familia, para otros se trata de seguir con ese frente abierto, pero con más tiempo libre.

Entrado julio, su economía o parte de ella dependerá durante unos dos años de los pactos que logre hacer, pero siempre tomando las precauciones necesarias.

Las últimas llamadas de su excitado regente, Júpiter, pueden indicar que dé rienda suelta a una nueva propuesta con los socios adecuados, posiblemente cuatro, con los que se verá obligado a llevarse bien por el objetivo común. Para otros nacidos en Sagitario, no hay nada de estos «cuatro magníficos», aunque sí aprovecharán el tiempo libre en algo que, de cerca o de lejos, estará relacionado con su profesión. Para todos los nativos de este signo, el disfrute de este periodo será decisivo de cara al próximo año y, quizás, otros venideros.

En septiembre, tratará de asumir la realidad que han dejado los planetas, incluido Júpiter, el suyo, y que ha influido en su eje de vida profesional y privada, y para el resto de los signos en el eje trabajo-salud. Si combina esto, ya puede hacerse una composición de lugar de cómo será gran parte del próximo periodo.

Cuarto trimestre

En los Sagitario es bastante habitual que, cuando están en algo nuevo, quieran eliminar el lastre de lo anterior, sea psicológico, sea relacionado con otros aspectos, pero algo que les supone un estorbo para lo que se proponen hacer. Esta faceta se verá acentuada durante este periodo: quizá se trate de una ocupación complementaria a la principal y beneficie a otros con los que haga o propicie ciertas transacciones.

Para otros este periodo estará ligado a sucesiones, ventas que luego serán repartidas, y no parece descabellado que pueda llevar a litigios. La parte más dura en este proceso se dará a mediados del mes de noviembre y, como es habitual en los Sagitario, ocurrirá todo a la vez, con lo cual podemos decir que se verán muy ocupados y algo desorganizados, o tendrán que importunar los ritmos de otros.

A partir del puente del mes de diciembre, Marte pasará al sector del dinero futuro, pero, sea por una cosa o por otra, los resultados en los diferentes frentes, aparte de su labor principal, no serán del todo buenos, lo que le llevará a momentos de ansiedad o de absoluta tranquilidad, pues siempre se gana algo.

Debe ser cuidadoso con los gastos generados por usted mismo, ya que un eclipse de Luna le espera el 21 de diciembre, aunque pueden tratarse de unos dispendios o unas compras calculadas para no tener que pagar en cuotas mensuales, algo que nunca ha visto con buenos ojos, y este año, menos.

Vida familiar

Primer trimestre

La presencia de su planeta en el sector del hogar y la familia hará que, por la razón o por la fuerza, se sienta más generoso de lo habitual. Algunos podrán ayudar a su familia para sacarla a flote, y en los casos en que esto no sea posible, lo intentarán, pues siempre tendrán prontos de generosidad.

En algunos casos se dará también una mayor armonía entre hermanos, o con el vecindario, en asuntos cívicos y comunitarios, lo cual llenará mucho la agenda de febrero. Además, todo se verá salpicado por algunas urgencias, so pena que la casa quede muy desorganizada. Es buen tiempo para los que buscan vivienda, en el entorno actual o más lejos, y para los que desean tener un pie cerca del mar, ya que el año es muy marinero.

Las cuestiones de presupuesto familiar estarán muy activas durante todo el año, dado que los eclipses caen en el eje financiero de dinero personal, tanto común como compartido (en lo que respecta al hogar). Esto debe tenerlo más en cuenta en enero, cuando se da el primer movimiento de la serie en lo que se refiere al dinero personal, aunque tendrá mucho arte para repartir bien el presupuesto.

Segundo trimestre

En abril aumenta la tendencia a dotar al hogar de mayor comodidad; o quizá sea el tiempo de emprender algunas obras, en el hogar o en otro sitio. También puede ser un buen momento para recibir visitas o para pequeñas estancias de gente que están en tránsito o que vienen para cubrir algo puntual, como en el caso de algún familiar, ya que los parientes, propios o del cónyuge, parecen dispuestos u obligados a brindar bastante ayuda, incluidos los casos de historias de años pasados que produjeron relaciones muy irregulares.

Desde un punto de vista interno, los Sagitario tendrán oportunidades de sanear o impulsar los lazos que les unen a los suyos en un sentido amplio, lo cual tendrá lugar con mucha fluidez, tanto si es en situaciones negativas o positivas como en ocasiones derivadas de fiestas y comidas. La parte familiar tendrá un aire de confesionario.

Aunque no puede romper muchas barajas en las relaciones conyugales, a lo mejor ya está todo sobreentendido entre ambos; lo que ocurre es que usted pasa por un periodo más ansioso e inquieto que su cónyuge. Las próximas vacaciones quizá son un motivo para que lo sobreentendido crezca aún más, a no ser que los hijos, si no son niños, se encarguen de tirar la primera piedra con respecto al problema.

Tercer trimestre

Julio es el mes en el que el eclipse del día 11 llama a la puerta de las finanzas comunes y puede que, por una parte u otra, haya habido o vengan desequilibrios que económica o psicológicamente tengan que asumir entre ambos miembros de la pareja. Por su parte, será convincente siempre que en el verano tenga un plan propio, y como por su personalidad tiene siempre la facultad de beneficiar a los demás, quizá le haga un favor al otro, que ya tiene otros deseos. Entonces, puede deshojar la margarita de acuerdo con su situación personal.

Lo que queda a partir de aquí es que, aun en las relaciones con mejor fachada, se introduce un periodo de prueba para mantenerla o una amenaza de los dioses, si no tiene cubiertas las espaldas cuando vaya por otros caminos que suele transitar.

Sea como sea, a finales de agosto y primeros de septiembre, sus planes priman sobre los de los actores secundarios; deberá aprovechar este momento para aclarar muchas cosas y no dejar que fluyan solas, ya que tiene por delante pocas posibilidades de arreglarlas.

Cuarto trimestre

Marte y Venus, que tradicionalmente se ocupan de las relaciones de tú a tú, estarán presentes (el primero hasta el fin del periodo y el segundo sólo hasta que acabe octubre) en el sector de las enemistades o de gente que mete cizaña. Quizás un hijo se ocupe de ventilar hacia fuera lo que pasa dentro o puede que, con el paso del tiempo, se le enfrente, lo que es más probable que suceda en noviembre. Trazará una nueva estrategia, sea con él o con otro hijo, para ponerlo a su favor, aunque sepa que todo tiene un precio, y que es muy probable que lo pague hacia Navidad, tanto si es hombre como mujer.

No obstante, en este periodo su participación en el hogar, de una forma u otra, sigue porque así lo siente. Además, puede tener sus recompensas con los otros miembros de la familia en caso de que necesiten de su ayuda o que no les convenga verlo decaer. Durante el año ha dado sobradas muestras de que, a su manera, es un buen progenitor, capaz de hacer milagros por los suyos. A medida que entren las fiestas, le saldrá el payaso que lleva dentro, que hace reír pero que llora por dentro, aunque al final la galería aplauda la actuación.

www.ingramcontent.com/pod-product-compliance
Lightning Source LLC
Chambersburg PA
CBHW060207050426
42446CB00013B/3022